しくみが身につく

中級
ドイツ語作文

清野智昭
Seino Tomoaki

［改訂版］

白水社

装丁・レイアウト —— 森デザイン室

まえがき

　本書は，ドイツ語の初級文法を一通り終えた方を対象とした独作文の本です。前著，『中級ドイツ語のしくみ』が理屈を前面に出したのに対し，こちらは，作文を通して「しくみ」を理解し，語感を付けていただこうと思って書きました。その意味で，前著の実践的姉妹編と言えるでしょう。もちろん，前著をお読みになっていなくても十分理解できます。

　外国語の作文の本で勉強するときの最大の問題は，「模範解答が正しいのはわかる。けれど，自分が書いた文は合っているのか間違っているのかわからない」ということだと思います。もちろん，読者が作るかもしれない文をすべて想定するのは不可能なので，仕方がない面はあります。

　しかし，本書は，その問題に正面から取り組んでみました。1つの問題に対し，第1部では2ページの解説，第2部では1ページの解説を加え，学習者の皆さんが疑問に思うだろうこと，また，ついついやってしまう間違いをできる限りわかりやすく解説することに努めました。また，「学習者代表」として，長谷川恵さん，乙幡規子さん，土屋千穂さん，内田優子さんには，原稿の段階で実際に問題を解いてもらいました。私の狙い通りに間違えてくれたうえに（失礼！），有意義な質問や感想をいただきました。ここにお礼申し上げます。

　また，このような本を書くには，ネイティブスピーカーの全面的な協力が必要です。今回は，千葉大学に留学中の Stefanie Grenzius さんと Franco Modolo 君の二人と，本書の中のすべての文を時間をかけて徹底的に検討しました。さらに，Julia Fröhlich さんと Kathleen Brigant

さんにもさまざまな意見をもらいました。ありがとうございます。彼らとの議論の中で，私自身，新たに発見することも多くありました。また，どんな本にも載っていないことも書くことができたと思います

　さて，私は俵万智さんの短歌が好きなのですが，浅井愼平さんのすてきな写真とともにつづられた『とれたての短歌です。』という作品集があります。そのタイトルを無断で拝借すれば，本書は，とれたての独作文です。

　皆さん，どうぞじっくりと味わってみてください。

2010 年 夏

清野智昭

改訂版へのまえがき

　本書は 2010 年に発刊してから，幸い多くのドイツ語学習者の方々に支持をいただいてきましたが，この度，新たに改訂版を出すことになりました。内容的には大きくは変わっていませんが，全体の記述を見直し，時事的なネタをアップデートするとともに，わかりやすさ，読みやすさにいっそう心がけました。問題も少しだけですが増やしてあります。そのため，学習院大学の大学院でドイツ語学を研究している伊藤港さんと箸本里菜さんにご協力いただきました。特に箸本さんにはゲラを隅々までチェックしてもらい，学習者の立場からわかりにくいところや説明を足してほしいところを指摘してもらい，できるだけ反映させました。この改訂版でさらにドイツ語が皆さんの身近になることを願っております。

2024 年 初夏

清野智昭

本書の使い方

　第1部と第2部でページ数は異なりますが，各課は「その課のテーマの解説」，「問題」，「模範解答と解説」で成り立っています。

　いずれの課でも，まずはテーマの解説を読み，ポイントを理解したうえで，問題に取りかかってください。

　各問題をドイツ語にするときは，辞書を手元に置いて徹底的に調べてください。与えられている語句はあくまでも「検討語句」です。つまり，これらの語句を「調べましょう」という意味で，必ずしも「使いなさい」と言っているわけではありません。使うと，むしろ間違った文になるものも含まれています。意地悪だと思わないでください。愛の鞭です。

　そうして，自分なりに「これで合っているはずだ」と思うドイツ語の文を必ず書いてから，模範解答と解説を読むようにしてください。自分が作った文と照らし合わせることに意味があります。

　解説文中にも書きましたが，いくつかの文の前についている＊は，その文が文法的に間違っていること，（少なくともその意味では）絶対に使わないことを示しています。?? は，かろうじて意味はわかるが非常に奇妙なこと，? は不自然であることのしるしです。必ずしも厳密な境界線は引けませんが，私の日本語の語感で，例を示すとこんな感じです。（　　）内が正しい（自然な）日本語です。

「＊ この本は誰は書いたのですか？（誰が）」
「?? その本は昨日私によって読まれました。（私は昨日その本を読みました）」
「? 私は今頭痛を持っています　（私は今頭が痛い）」

　これらのしるしがついた文をドイツ語のネイティブスピーカーが聞いたり，読んだりすると，このような感じを受けると想像してください。

　なお，本書では，基本的にドイツのドイツ語しか扱っていません。自信をもって解説できるほど私がオーストリアやスイスのドイツ語について知らないからです。しかし，言い回しなど，一部違う可能性はありますが，本書で扱ったことは，すべてのドイツ語圏で通用するはずです。それでは，じっくり考えて，作文していってください。

目 次

第1部　しくみを理解して自然なドイツ語に

第2部　日本語から自然なドイツ語へ

第 1 部

しくみを理解して
自然なドイツ語に

ポイント！

✺ 文には主語と定動詞が必要。主語になれるのは，名詞・代名詞と，名詞の
　機能を持つ文・句だけ。

✺ 文を作るときは句から出発する。主文では，定動詞が2番目で，動詞と密
　接に結びつく要素は最後に来る。

　ドイツ語の文には基本的に主語と述語が必要です。日本語では，文脈から
明らかなら，ほとんどすべての要素は省略できますが，ドイツ語ではそうは
いきません。「あなたはベルリンに住んでいるのですか？」－「はい，住ん
でいます」というやりとりでも，Wohnen Sie in Berlin? — *Ja, ich wohne. と
は言えません（*の記号は，この文が文法的に正しくないことを表わします）。
Ja. だけでやめるか，Ja, ich wohne dort. と言うかどちらかです。

　他動詞の目的語も多くの場合，文脈から明らかでも省略できません。
Besucht er morgen seine Tante?「彼は明日，叔母さんを訪ねるのですか？」
と聞かれ，*Ja, er besucht. と答えることはできません。日本語で，「はい，
訪ねます」と言えるのとは大違いです。besuchen は必ず4格目的語を必要
としますから，Ja, er besucht sie. と答えるわけです。もしくは，Ja. だけで
答えます。日本語に比べてドイツ語で代名詞が多用されるのは，このように
省略できない成分を情報伝達上負担の少ない形で表わす必要性があることが
その理由の1つになっています。

　主語になれるのは，1格の名詞・代名詞と名詞の機能を持つ文・句だけで
あることにも注意してください。「今日は寒い」という文は，Heute ist es
kalt. となります。これを*Heute ist kalt. とはできません。heute は副詞であ
って名詞ではないので，これでは主語のない文になってしまいます。そのた
め，非人称の es が必要なのです。

　ただし，「私は寒い」のように身体の感覚を表わす文の場合は，Mir ist
kalt. と es が省略されます。これは例外的に主語がない文です。その他，命
令文と非人称受動文にも主語がありませんが，これ以外の文にはすべて主語
があるわけです。

ドイツ語の文にしてみよう! ✍

1. （知らないところへ来てしまった人が誰かに尋ねて）

ここはどこですか？

［検討語句］ hier, dieser Ort/Platz

---

2. タクシーに乗る？──いいや，歩いて行くほうがいい。

［検討語句］ s Taxi, fahren, nehmen, einsteigen, besser, lieber

---

3. 冬は風邪を引きやすい。

［検討語句］ *sich* erkälten, *e* Erkältung, leicht, oft

---

4. ドイツでは調子が悪くなると，とりあえず家庭医に行きます。

［検討語句］ zuerst, r Hausarzt, e Kondition, es geht j^3 schlecht, werden

---

5. そのお客さんは価格に満足していたし，私もそうだ。

［検討語句］ r Gast, r Kunde, r Preis, mit et^3 zufrieden sein, es, so

---

1.（知らないところへ来てしまった人が誰かに尋ねて）

　　ここはどこですか？

→Wo sind wir jetzt? / Wo bin ich jetzt?

　最初から意地悪くてすみませんが，検討対象として挙げた語句はいずれも用いません。「ここはどこ？」ということで次のように書いてしまった人が多いのではないでしょうか？

　　*Wo ist hier?

　日本語の感覚だとこれでもよさそうですが，ドイツ語として成立しません。なお，この例文の前に付けたアステリスク（*）は，この文が文法的に間違っていることを表わします。どんな状況や文脈を考えてもドイツ語の文として成立しないときに付けます。言語学では「非文法的な文」ということで「非文」と言うこともあります。*Wo ist hier? は非文です。これと似たものに ? があります。「奇妙な文だが，文脈によっては使えるときもある」ということです。? よりは*に近い，つまり「ものすごく奇妙だが，言いたいことがわからないでもない」というときは，?? を付けます。いずれも言語学の論文で一般的に行なわれている習慣です。この本でもこれから使っていくので慣れてください。

　さて，日本語では「ここ」は名詞の機能を持っていますが，ドイツ語の hier はあくまでも副詞です。ドイツ語の文で主語になれるのは，1格の名詞と代名詞，それに名詞の機能を持つ文と句だけでしたね。それで，上の *Wo ist hier? は非文法的な文になってしまうのです。wo も hier も副詞です。副詞と副詞を sein 動詞で結びつけても文にはなりません。

　「ここはどこですか？」と尋ねるときは，「私たちは今どこにいるのですか？」という意味で，Wo sind wir jetzt? と言うのが最もふつうです。wir は1格の代名詞なので主語になります。自分と相手を含めるので wir になるのですが，相手のことを考慮しないで ich を主語にして Wo bin ich? と言うこともできます。日本語には ich も wir も出てきませんが，外国語で何かを表現しようとするときは臨機応変になることが重要です。

ところで，*r* Platz や *r* Ort を主語にすることはできないのでしょうか？

Wo ist dieser Platz?　　この広場はどこにあるのですか？

Wo ist dieser Ort?　　この場所はどこにあるのですか？

dieser Platz と dieser Ort は，それぞれ1格の名詞句ですから，この2つの文はドイツ語の文としては成り立っています。しかし，自分がいる場所を尋ねるのではなく，ガイドブックを見ながらだとか，旅行に行った人が撮った写真を見ながら「この場所はどこにあるのですか？」と尋ねるときに使います。Wo ist das hier? と言うのも同じような感覚で，あるものを指し示しながら「ここにあるこれはどこにあるのですか？」という意味です。Wo ist das Restaurant hier?「ここにあるレストランはどこにあるのですか？」の省略だと思えばわかりやすいでしょう。

なお，*r* Platz は建物の前や家の間にある何もない広い場所を指します。「広場」や「空き地」ということです。ですから，マルクト広場は *r* Marktplatz というわけです。また，*r* Tennisplatz「テニス場」や *r* Golfplatz「ゴルフ場」など，特定の目的に使われる屋外の広い場所も指します。Platz da!「そこをどけ！」と言うと，少々荒い命令です。「空いた場所を作れ」ということだからです。

これに対し，*r* Ort は一般的な意味での「場所」あるいは村や町などの人がかたまって住んでいる所を指します。ですから，写真を見ながら，単にどこの町かを尋ねたいときは *r* Ort を使う方がいいことになります。また，「知らない場所」などと言うときもこれを使います。

Er hält sich an einem unbekannten Ort auf.

彼は知らない場所に滞在している。

ここまでわかったところで，Wie heißt dieser Platz? と聞くのはどうでしょうか？　写真を見ながら質問する場合のほか，自分の居場所を尋ねる場合にも使えなくはありません。つまり，ガイドさんに町を案内されて広場に出たときに，その広場の名前を尋ねたいというときは使えるわけですね。

2. タクシーに乗る？─いいや，歩いて行くほうがいい。
→Nimmst du ein Taxi? — Nein, ich gehe lieber zu Fuß.

　日本語の文にはどちらも主語がないですが，ドイツ語にする場合は当然必要です。質問の文の主語は du か Sie ですが，日本語がくだけた感じなので du にしておきました。Sie を使うならば，Nehmen Sie ein Taxi? となります。また，質問に話し手も含まれる，つまり，「私たちはタクシーに乗ろうか？」という意味ならば，Wollen wir ein Taxi nehmen? となるでしょう。

　「タクシーに乗る」は ein Taxi nehmen が一番よく使われる言い方です。nehmen は英語の take に相当する動詞で，物理的に物を「取る」だけでなく，このように交通機関などにも使います。Ich nehme den ICE um 10 Uhr.「私は 10 時に ICE（=InterCity Express）に乗る」とかですね。fahren を使うならば，Fährst du mit dem Taxi? となります。「タクシーで行くのか？」ということで，これを Fährst du Taxi? というと，「君は（職業として）タクシーを運転しているのか？」つまり「君の職業はタクシー運転手か？」の意味になるので気をつけてください。?? Steigst du in ein Taxi ein? は文法的には正しいですが，「君はタクシーなんてものに乗り込むのか？」ということですから，よっぽど変わったコンテクストがないと使えません。さて，質問の文は次のようにも言えます。

Würdest du lieber ein Taxi nehmen?
　タクシーで行くほうがいい？

これは歩いて行くという選択肢がまずあって，でも，相手は歩きたくないかもしれないから，一応尋ねておこう，という状況で言います。Würdest du lieber ... ? は，丁寧でもありますが，この「別の選択肢の可能性」を尋ねるためにこの接続法第 2 式の形を使うのです。丁寧さは落ちますが，Willst du lieber ... ? とも言えます。

　答えの文は「歩いていくほうがいい」ですが，この「...のほうがいい」の部分を gern「好んで」の比較級である lieber「より好んで」1 語で表すのがドイツ語らしい表現です。besser は「より良い」ということで，方法として

優れていることを表します。ですので，?Ich gehe besser zu Fuß. は，「自分
にとっては歩いて行く方がより優れている選択だ」ということで，なくはな
いですが，特殊なコンテクストが必要です。たとえば，自分が車の運転が下
手であるのを自覚して，Ich gehe in Zukunft besser zu Fuß.「私はこれから
は（車ではなく）徒歩でいくほうがいい」と自分に言い聞かせるとかですね。
しかし，通常「歩いて行くほうがいい」という場合は，方法の優劣ではなく，
自分の意思や好みの問題ですから，lieber を使うわけです。

　また，日本語の「...がいい」の構造に惹かれて，*Es ist lieber, dass ich zu
Fuß gehe. とはいえません。lieber は価値判断ですから，必ず「誰にとって」
より好ましいのかを明示しないと意味がわからないからです。besser なら価
値判断ではなく，客観的に方法の優劣を問題にするので，たとえば，Es ist
besser, zu Fuß zu gehen. や，Es ist besser, dass wir zu Fuß gehen.「私たちは
歩いて行くほうが良い選択だ」と言えますが，どうしてそうなのか，なにか
理由を付けないと相手は不審に思うでしょう。lieber を使い，かつ，副文を
使いたければ，こう言います。

Mir ist lieber, wenn ich zu Fuß gehe.
歩いていくほうが私にとってはいいです。

　もちろん，Ich gehe lieber zu Fuß. というほうが簡単で，ふつうはそう言
いますが，他の人の意向と対比させて，よほど自分にとっては歩く方が好ま
しいというときは，この表現を使います。この場合，?Mir ist es lieber, wenn
... と es はふつう付けません。文頭に es を置いて，Es ist mir lieber, wenn ...
なら言えます。ただ，対比として「私には好ましい」と言いたいので，mir
から文を始めるほうが自然なわけです。この点では，「私は寒い」というと
きに，ドイツ語では，Mir ist kalt. または Es ist mir kalt. と言うのと構造的
には同じことです。また，「歩いていくこと」はまだ確定していないので，
副文は dass ではなく，wenn から始めるほうが自然な表現となります。

3. 冬は風邪を引きやすい。

→Im Winter erkältet man sich leicht. /

　Im Winter bekommt man leicht eine Erkältung.

「冬は」から日本語の文が始まっていてもそれをすぐに主語にして，Der Winter... としても続きません。?? Der Winter erkältet sich leicht. では，冬が風邪を引くことになり，おとぎ話の世界になってしまいます。風邪を引くのはあくまでも人間ですから，主語は人間を表わす語でなければおかしいことになります。日本語の文でよくあるように，ここでは誰が風邪を引くのかが明示されていません。話し手自身のことを述べているのなら，?Im Winter erkälte ich mich leicht. となりますが，自分は他の人と違って冬に風邪を引きやすくなるんだと言っているように聞こえ，やや不自然になります。一般論であれば，man を使えばうまく表現でき，解答例の文になります。直訳すれば，「冬において人はたやすく風邪を引く」ということですが，なるべく「人」という訳語を使わない方がスマートです。とにかく，この man は便利です。違う例で見てみましょう。

Können Sie mir zeigen, wie man diesen Computer bedient?
このコンピューターをどう使うのか教えてもらえますか？

コンピューターの使い方を尋ねる場合によく使う言い方です。

Können Sie mir zeigen, ... は形こそ疑問文ですが，これによって依頼を表わします。日本語でも「... してもらえますか？」と聞くのと同じです。この場合，示す相手は「私」なのでこの mir は必要です。これを省くと誰に示すのかわからなくなります。「私に示す」のですが，その内容となる wie の副文の主語は man になっています。これによって，一般性がでます。

　さて，課題文に戻りましょう。leicht は「容易に」ということですが，「風邪を引きやすい」を回数的に多くという意味に解釈すれば oft を使うこともできます。ただ，この場合は，一般論の man を使うとやや違和感があります。冬に容易に風邪を引いてしまうのは一般的に言えますが，みんなが一冬に何度も風邪を引くわけでもありません。ですから，そういう人が自分の事とし

て言うならば主語を ich にした方がかえってよいことになります。

Im Winter erkälte ich mich oft.　冬に私は何度も風邪を引いてしまいます。

「風邪を引く」の *sich* erkälten は，形容詞の kalt「冷たい」を元にした表現で，文字通りには「自分の身体を冷やす」から来ています。南ドイツでは *sich* verkälten と言うこともあります。erkälten で覚えておくとよいのが，*sich*³ *et*⁴ [内臓] erkälten という表現の仕方で，身体を冷やした結果，内蔵に炎症を起こしてしまうという意味になることです。

Ich habe mir die Blase erkältet.　冷えて膀胱炎になってしまいました。

この mir はいわゆる「所有の 3 格」と呼ばれて，*sich*³ die Zähne putzen「歯を磨く」など身体部位に対する行為を表わす文によく出てきます。もちろん，Es war sehr kalt und deshalb habe ich eine Blasenentzündung bekommen. と「膀胱炎」という名詞を使ってもいいですが，erkälten を使う方がスッキリしていてよいですね。

「風邪」を名詞で言うと *e* Erkältung です。名詞にするといろいろな形容詞を付けやすくなります。eine leichte/schwere Erkältung「軽い／重い風邪」です。

Ich habe seit einigen Tagen eine leichte Erkältung ohne Fieber.
私は数日前から熱のない軽い風邪を引いています。

この他，*sich*³ eine Erkältung zuziehen/holen もよく使われます。この表現は特に自分の不注意で風邪を引いてしまったときに使います。

Ich habe gestern Abend zu lange draußen gesessen und habe mir eine schlimme Erkältung zugezogen.
私は昨晩屋外に長くいすぎて，ひどい風邪を引いてしまった。

Zieh dich warm an! Sonst holst du dir eine Erkältung.
暖かい格好をしなさい。そうしないと風邪を引くよ。

風邪の症状では *r* Husten「咳」と *r* Schnupfen「鼻水」があります。

4. ドイツでは調子が悪くなると，とりあえず家庭医に行きます。

→In Deutschland geht man zuerst zum Hausarzt, wenn es einem schlecht geht.

　まず，主語を何にするかを考えることが必要です。日本語の文では，「調子」が一応主語と言えますが，これを ?Wenn die körperliche Kondition schlecht ist, ... などとするのは典型的な日本語的ドイツ語です。Kondition は，人間を主語として，haben の目的語にするのが自然な使い方です。

Der Sportler hat eine gute Kondition.
その選手のコンディションはよい。

　なんでも A ist B. のパターンで文を作ろうと思うことから脱却するのが自然なドイツ語への第一歩です。

　さて，調子が悪くなるのも，医者に行くのも人間ですから，一般論を表わす man を主語とする文を考えるといいですね。それで，主文を In Deutschland geht man zuerst zum Hausarzt としましょう。「ドイツでは」となっているので，これをテーマとして文頭に置くのが自然です。「とりあえず」は「まず，最初に」と考えて zuerst ぐらいでいいでしょう。

　次に副文ですが，es geht j^3 gut/schlecht「人^{3}の調子がよい／悪い」を使うわけですが，3格の部分に気を付けてください。多くの人が，*wenn es ihm schlecht geht とやってしまったのではないでしょうか。これは文法的に間違いです。man の格変化は，1格 man，2格なし，3格 einem，4格 einen です。正確に言えば「変化」ではなく，man は1格の形しか使われず，3格，4格は不定代名詞 einer から借りてくるのです。それで，wenn es einem schlecht geht となります。では，例題を2つ。1つめは，「それは緊張するなぁ」。nervös machen を使って表現してください。2つめは，「そういうことも起こりますよ」。passieren können を使いましょう。

Das macht einen ja ganz nervös. 　それは緊張するなぁ。

Das kann einem schon mal passieren. 　そういうことも起こりますよ。

　1つめは，j^4 nervös machen ですから einen を，2つめは，j^3 passieren ですから einem を使うわけですね。これにより，「緊張するのは私だけではない」，「あなただけにそういうことが起こるわけではない」というニュアンスが出るのです。

　さて，「調子が悪くなる」のように日本語では「なる」と変化として表わすことがらをドイツ語ではよく状態として表わします。*wenn es einem schlecht gehen wird という文はあり得ません。wenn 文は「条件」を表わし，その時制はあくまで現在形，もしくは，現在完了形しかないのです。

　この問題では r Hausarzt「家庭医」が出てきましたので，少し解説しておきましょう。これは「かかりつけのお医者さん」ということですが，単によく行くお医者さんというだけではなく，その患者の保険の請求業務を一括して行ないます。ふつうは，r Allgemeinarzt とか praktischer Arzt とか呼ばれる「一般医」の資格を持ったお医者さんがなります。どんな病気でも一応は診ることができる医師です。その先生に診てもらって，そこでは手に負えないときや専門の病院で検査してもらった方がいいという場合に，r Facharzt「専門医」や s Krankenhaus「病院」に送られるというシステムになっています。それをすることを überweisen と言います。また，そのときの書類を r Überweisungsschein または単に e Überweisung と言います。患者はその書類をもって専門医に行きます。

　ドイツも日本と同じ国民皆保険の国ですが，度重なる制度改定を経て，現在はかなり複雑なシステムになっています。ドイツの保険は，大きく分けて，公的医療保険（gesetzliche Krankenversicherung）と民間医療保険（private Krankenversicherung）に分かれます。国民の9割近くが公的医療保険に入っています。保険料はどこの州に居住しているかとどのような追加サービスかによって，収入の14.6% ～ 17% になり，雇用者と被雇用者が折半します。民間医療保険は，一定以上の収入がある人や公務員が入ることが多いですが，公的医療保険ではカバーされない医療サービスが受けられます。日本だとどの健康保険に入っていても，すべての医療機関で診療を受けられますが，ドイツではどの健康保険を受け付けるかが決まっているので注意が必要です。日本の健康保険と生命保険の医療特約の中間的な性格と言えるでしょう。

5. そのお客さんは価格に満足していたし，私もそうだ。

→Der Kunde war mit dem Preis zufrieden und ich war es auch.

　「そのお客さんは満足していた」の部分は，Der Kunde war mit dem Preis zufrieden. になります。「... に満足する」というのは，mit *et*³ zufrieden sein と言います。形容詞のなかにはこのように前置詞の補語をとるものがいくつかあります。主立ったものは覚えておきましょう。

　また，ここでは「お客さん」を *r* Kunde としました。これは特定の店で商品を買ったり，対価を払ってサービスを受ける人を指します。der Kunde des Warenhauses「そのデパートの客」，der Kunde des Friseurs「その美容院の客」などです。男性弱変化名詞ですから，der Kunde, des Kunden, dem Kunden, den Kunden と変化します。女性形は *e* Kundin ですが，女性の客を必ずそう言うとも限らず男性形の Kunde で言うことも多くあります。*r* Gast はそれに対し，ある家庭に招待されている「お客さん」です。また，Heute sind Sie mein Gast.「今日はあなたは私のお客さんです」といえば，「今日は私がおごりますよ」という意味です。ただ，ホテルの宿泊客やレストランで食事をしている客に関しては *r* Gast を使います。家庭的な場所にいるからでしょう。ですから，課題文が話題にしている場所がホテルやレストランなら Gast ということになります。

　さて，この問題のポイントは，「私もそうだ」の部分をどう訳すかにあります。*Ich war auch so. と，so を使った人が多いのではないでしょうか。これは文法的に誤りです。sein 動詞を A ist B.「A は B である」として使うとき，B には名詞，代名詞，指示詞，形容詞が入りますが，これを副詞の so で受けて，*A ist so. とは言えないのです。問題文では，Ich war auch zufrieden. と，もう 1 度 zufrieden を言うことはできますが，それを他の語句で置き換えるならば，代名詞の es を使います。これは，形容詞だけでなく，A ist B. の B の名詞を置き換えるときも同様です。たとえば，「彼は教師だ。彼女もそうだ」と言いたければ，こう言います。

Er ist Lehrer. Sie ist es auch.

　これを * Sie ist auch so. と言うのは間違いです。また，es を取って， * Sie ist auch. とも言えません。これでは A ist B. の B の部分がなくなってしまいます。省略したいならば，Er ist Lehrer. Sie auch. です。sein 動詞をそもそも使わず主語と auch だけ言うならば正しく自然な言い方になります。sein 動詞を使う限り，必ず補語が必要なのです。問題文でも，Der Kunde war mit dem Preis zufrieden und ich auch. としても大丈夫ですが，... * ich war auch. は不可です。B の部分が名詞の場合でこれを繰り返すときに es になることは納得できても，形容詞の場合もそうなるということが納得できない人も多いようです。また，辞書によっては es の項目にこの用法が載っていないものもあるようです。どんなによい辞書でも，自分が探している用法が必ず載っているとは限りません。本書は，皆さんに辞書をよく引いて用法を納得してもらうことを目的の 1 つとしていますが，その際に一冊の辞書だけに頼るのではなく，なるべく複数の辞書に目を通してください。語学学習では，必要なお金はケチらないようにしましょう。

　さて，話を元に戻して，この es ですが，「私もそう思う」と言うときも注意してください。

Ich denke, wir können den Abgabetermin nicht einhalten.
私たちは締め切りを守れないと私は思う。

Ich denke es auch. / Das denke ich auch.　私もそう思う。

* Ich denke auch so.

　denken は他動詞で dass 文をとりますが，これを言い換えるとやはり es になり，so になることはありません。この es は文中にしか現われず，文頭に持ってくると das になります。なお，Ich denke auch so. という文が全く不可能かと言えばそうでもなく，相手が長いこと話していて，その全体に対して自分も同意見だと述べるときには使えます。これは Ich denke auch so wie du denkst. の後半が略されていると考えればいいでしょう。しかし，上の例のように，直前の発言内容を受ける場合は es（または das）であって so ではないのです。

第❷課　ドイツ語の文の基本　その2

ポイント！

✱定動詞は平叙文では2番目，決定疑問文では先頭，補足疑問文では疑問詞の次，副文では文末に置かれる。

✱undなどの並列接続詞は語順に影響を与えない。

✱否定のnichtは否定する語の前に置く。この際，動詞と密接に結びつく要素は動詞とともに否定される。

　ドイツ語は文の種類によって定動詞の位置が変わる言語です。平叙文では，Heute fahre ich nach München.「今日私はミュンヘンに行きます」のように定動詞は2番目にあります。決定疑問文（ja, nein で答える疑問文）では，Fährst du heute nach München?「君は今日ミュンヘンに行くの？」のように定動詞は文頭に置かれ，補足疑問文（疑問詞のある疑問文）では，Wohin fährst du heute?「君は今日どこに行くの？」のように疑問詞が先頭でその次に定動詞が置かれることになります。

　さて，und などの並列接続詞は語順に影響を与えません。Er spielt Fußball und sie spielt Tennis.「彼はサッカーをする。そして彼女はテニスをする」という語順なのに，*Er spielt Fußball und spielt sie Tennis. としてしまう間違いをしがちです。und は「文と文の間」に置かれ，それ自体は文の要素ではないということを肝に銘じてください。

　また，否定の nicht は，否定する語句の前に置かれます。この場合，不定句の語順で考えてください。nicht das Buch lesen は，das Buch が否定されているので，部分否定になります。Er liest nicht das Buch.「彼はその本は読まない（他の本を読む）」に対して，動詞自体が否定される das Buch nicht lesen は，全文否定です。Er liest das Buch nicht.「彼はその本を読みません」。しかし，（冠詞のない）目的語と動詞で1つの概念を構成している Klavier spielen などの場合はそれ全体が nicht で否定されます。Sie spielt nicht Klavier.「彼女はピアノを弾かない」。さらに，方向規定句と移動の動詞も1つのまとまりを構成しているので，nicht は方向規定句の前に置かれます。Sie geht nicht in die Stadt.「彼女は町に行かない」。

ドイツ語の文にしてみよう! ✍

1. 今日，私は 7 時に起き，それから急いで朝食をとりました。

検討語句 aufstehen, frühstücken, und, dann, schnell, früh

2. 彼は明日，大事な試験があるというのに，まだテレビを見ている。

検討語句 obwohl, trotzdem, trotz, e Prüfung, e Klausur, fernsehen

3. 彼女は日本人ですか？

──いいえ，彼女は日本人ではなく，韓国人です。

ああ，それでご飯を箸ではなく，スプーンで食べるのですね。

検討語句 e Japanerin, e Koreanerin, r Reis, s Stäbchen, r Löffel, weil, deshalb

4. 彼女は戸棚を探したが，きれいなカップはどこにもなかった。

検討語句 r Schrank, e Tasse, sauber, suchen, schauen, finden, nirgends, es gibt

5. 彼女はきっと病気だ。というのも，ここにいないからだ。

検討語句 müssen, müsste, dürfe, sicher, wahrscheinlich, wohl, weil, da, denn

1. 今日，私は7時に起き，それから急いで朝食をとりました。

→Heute bin ich um sieben Uhr aufgestanden und habe dann schnell gefrühstückt. /

Heute stand ich um sieben Uhr auf und frühstückte dann schnell.

　どうと言って難しくはない文ですが，案外正確な語順にならないようです。時制は，現在完了形でも過去形でも結構ですが，それぞれに落とし穴があります。まず，現在完了形の文から見ていきましょう。やりがちなのが，後半の文の語順です。

　*Heute bin ich um sieben Uhr aufgestanden und habe ich schnell gefrühstückt.

　und と書いた途端に*und habe ich ... と書いてしまう人が多くいます。これはいけません。und は並列接続詞で，文と文の間に置かれるものです。したがって，語順に影響を与えることはありません。ここでは [heute bin ich um sieben Uhr aufgestanden] und [ich habe dann schnell gefrühstückt] というように，und でカッコの文が2つ結びつけられているわけですね。

　さらに，und で結びつけられる場合，後半の文では「前半の文にある要素は省略できる」という規則があります。この場合は，主語の ich が共通しています。それを後半の文で省略すると，解答文ができあがります。

　気をつけてほしいのは，この場合は前半が sein 支配の動詞で後半が haben 支配の動詞が使われていることです。ですから，後半の habe は省略できません。あくまでも，前半の文に出てきた要素のみが省略できるからです。

　*Heute bin ich um sieben Uhr aufgestanden und schnell gefrühstückt.

　これが後半の文に sein 支配の動詞が使われていると，主語と sein 動詞の両方が省略できることになります。

Heute bin ich um sieben Uhr aufgestanden und gleich zur Uni gegangen.
今日，私は7時に起きて，すぐに大学に行きました。

　過去形の文では助動詞がないので語順の間違いは起こりにくいと思いきや，そうでもないようです。

*Heute stand ich um sieben Uhr auf und dann frühstückte schnell.

Heute stand ich um sieben Uhr auf und dann frühstückte ich schnell.

　後半を und dann... と始めるのならば，ich は省略できず，... und dann frühstückte ich schnell. としなければなりません。省略するのならば，文頭で行なわなければならないのです。und ［(ich) frühstückte dann schnell］となるのはいいですが，und ［dann frühstückte ich schnell］では，文頭に dann があることになるので，ここで省略は行なわれなかったことになります。それで主語の ich は必要になってくるのです。実際は，この文は冗長なので，やはり解答文のように言う方が優れています。dann は文中に置くこともできます。

　さて，「急いで」は，früh ではなく，schnell です。früh は，時間の経過として始めの段階にあるということです。「早い，早期の」ということですね。eine frühe Behandlung「早期治療」は症状が出てすぐに行なうものですが，eine schnelle Behandlung「素早い治療」は，治療にかかる時間が短いということです。漢字でいえば früh はだいたい「早い」と思っていればいいのですが，schnell は「速い」と「早い」の両方の場合があるので，漢字に頼ってはいけません。schnell はスピードが速いことですが，その結果，あることが時間的に早く行なわれることも表わすからです。

Er war früh da.　　彼は早くからいた。（予定よりも早くいた）

Er war schnell da.　　彼はすぐにきた。（呼ばれて現われるまでの時間が短かった）

　früh はある基準の時間よりも以前ということですが，その基準は常識的，平均的な時間であることが大半です。Sie geht früh ins Bett und steht früh auf.「彼女は早寝早起きだ」では，暗黙のうちに平均的な就寝時間，起床時間が想定されています。

2. 彼は明日，大事な試験があるというのに，まだテレビを見ている。

→Obwohl er morgen eine wichtige Prüfung hat, sieht er noch fern. /
Er hat morgen eine wichtige Prüfung. Trotzdem sieht er noch fern.

　逆接で，「... にも関わらず」を表わすには，obwohl と trotzdem がありますが，obwohl は従属接続詞で副文を導くのに対し，trotzdem は接続副詞です。逆接で物事を述べるときは，まず，状況Aがあり，それから当然予想される事態A'に反する事柄Bを問題にしています。この場合は，A＝［明日試験がある］，A'＝［当然，試験勉強をするべきだ］，それなのに，B＝［テレビを見ている］のです。obwohl はこのAを導きます。これを間違えて，Obwohl er fernsieht, ... と始めないようにしましょう。obwohl を使う限り，AとBの順番は自由で，Bを先に述べることもできます。Er sieht noch fern, obwohl er morgen eine wichtige Prüfung hat. となります。日本語でも「彼はまだテレビを見ている。明日，大事なテストがあるのに」とも言えますね。

　trotzdem はこれに対して，Bの方に付きます。この場合，A－Bの順番しかありません。Er hat morgen eine wichtige Prüfung. Trotzdem sieht er fern. なお，trotzdem は副詞なので，文頭に置かれると，当然次は定動詞になります。コンマを付ければよいというものでもありません。*Trotzdem, er sieht fern. はダメです。なお，trotzdem は文中に置くこともでき，Er sieht trotzdem fern. になります。補足ですが，trotzdem が従属接続詞として obwohl と全く同じ意味で使われることもあります。Er sieht fern, trotzdem er morgen eine wichtige Prüfung hat. ただし，一般的ではありません。

　従属接続詞である obwohl と接続副詞の trotzdem はたいていどちらを使っても最終的には同じ意味になりますが，obwohl が副文を導き，全体として「副文－主文（または主文－副文）」という構造になるのに対し，trotzdem を使うと「主文－主文」の構造になる点が異なります。trotzdem を使うと文の焦点が2つあることになります。課題文の例では最初に「明日，大事な試験がある」をまず言って，それはそれで情報としては重要で，それに対して，「なのにテレビを見ている」という情報を言うわけです。obwohl を使うと，情報の中心はあくまでも「テレビを見ている」ということになります。

なお，obwohl の文中の要素をいくつか省略することもできます。これは，主文と同一の主語を持ち，sein 動詞が使われる場合です。

Sie kümmert sich, obwohl sehr krank, um andere Menschen.
彼女は，とても重い病気であるにもかかわらず，他人の面倒を見ている。

Obwohl gut vorbereitet, war der UN-Klimagipfel in Kopenhagen ein „Desaster", das nicht schönzureden ist.
よく準備されていたにもかかわらず，コペンハーゲンの国連環境サミットは「惨憺たるもの」であり，美化できるものではない。

上の文では，obwohl sie sehr krank ist，下の文では，obwohl der UN-Klimagipfel gut vorbereitet war，という副文の主語と sein 動詞が省略されています。このように要素を省略できるということからも，obwohl を使うと，主張の焦点が主文にあることがわかると思います。

さて，「大事な試験がある」の部分ですが，haben のほかに schreiben を使って，Morgen schreibt er eine wichtige Prüfung. とも言えます。eine Prüfung machen は，卒業試験や入学試験などの重要な試験を受けるというニュアンスが強くなります。

In Japan muss man eine Prüfung machen, bevor man an der Universität studiert.　日本では大学で勉強する前に，試験を受けなければいけません。

試験には，schriftliche Prüfung「筆記試験」と mündliche Prüfung「口述試験」があります。また，関連語句として，s Examen があります。これも「試験」ですが，それに通れば資格が得られるようなものを指します。たとえば，医師や弁護士になろうとする人が受けるのが s Staatsexamen「国家試験」です。ドイツの大学は修了するときに試験を受けないといけないので，Er hat sein Examen gemacht. と言えば，「彼は卒業した」ということを指すことになります。s Gymnasium の高学年の試験は e Klausur と言います。この場合，machen は使わず，schreiben か ablegen を使います。

Morgen schreibe ich eine Klausur in Physik.　明日，物理の試験がある。

3. **彼女は日本人ですか？**

　—**いいえ，彼女は日本人ではなく，韓国人です。**

　ああ，それでご飯を箸ではなく，スプーンで食べるのですね。

➜Ist sie Japanerin?

　— Nein, sie ist nicht Japanerin/keine Japanerin, sondern Koreanerin.

　Aha, deshalb isst sie Reis nicht mit Stäbchen, sondern mit einem Löffel.

　冠詞の付いていない名詞を否定するとき nicht を使うか kein を使うかは非常に悩ましいところです。これには① nicht のみ使われる，② kein のみ使われる，③どちらも使われる，の 3 通りあります。

　基本的に，名詞と動詞の結びつきが強く，1 つの概念を作り上げて，まるで分離動詞のようになっているときには nicht が使われ，名詞が独立性を保っているときには kein が使われると言えます。たとえば，スポーツ名や楽器名と spielen の組み合わせは nicht で否定されます。

Er spielt nicht Fußball.　　彼はサッカーはしない。

Sie spielt nicht Klavier.　　彼女はピアノは弾かない。

　これに対して，たとえば Zeit や Geld などが haben の目的語になる場合は kein で否定されます。

Heute habe ich keine Zeit.　　今日，私は時間がありません。

Er hatte damals kein Geld.　　彼は当時お金を持っていなかった。

　理屈から言えば，Fußball spielen は 1 つの動詞のようになっているが，Zeit haben はあくまでも「目的語＋ haben」だということなのですが，これはそういうものだと覚えてしまった方が早そうです。

　さて，問題は，国籍や身分を表わす名詞と sein が結びついたときです。Sie ist Japanerin. の否定文は Sie ist nicht Japanerin. と Sie ist keine Japanerin. のどちらが使われるのかという問題です。結論から言えば，どちらでも構いません。ドイツ語のネイティブスピーカーの語感もこの点に関してはかなり

揺れがあるようで決定的なことは言えません。文法の理屈から言えば，nicht Japanerin と言えば nicht japanisch と言っているのと同じで，形容詞的な属性が前面に出ます。それで，他の国籍と対比されて，sondern ... と続くときは nicht が使われる傾向にあります。それに対して，「日本人ではない」と完結するときは，Sie ist keine Japanerin. が多く使われます。名詞としての Japanerin が前面に出ています。この問題文では，後ろに sondern... が続きますから，nicht を使う理由になりますが，kein を使ってもまったく不自然ではありませんし，私が尋ねたドイツ人の中にもたとえ後に sondern が続いても kein の方がよいという人もいました。

　kein は名詞自体を否定するわけですから，ときに，独特のニュアンスが発生することもあります。

Der Mann spricht nicht Deutsch.　　その男はドイツ語は話さない。(他の言語を話す)
Der Mann spricht kein Deutsch.　　その男は一言もドイツ語を話さない。

　nicht を使えば，やはり sondern... と続く感じがします。もちろん，kein を使っても sondern... と続けてもいいのですよ。しかし，これで完結してもいいわけです。それに加えて，kein Deutsch sprechen というのは，ドイツ語を少しも話さない(kein Wort Deutsch sprechen)という意味が出てきます。Du verstehst wohl kein Deutsch mehr?「お前，ひとの話ちゃんときいていないのか？」という言い回しがありますが，これは kein だから成り立つわけですね。

　さて，2 番目の文の語順では Reis を最後にもってきて，... deshalb isst sie nicht mit Stäbchen, sondern mit einem Löffel Reis. とすることもできます。ただし，nicht ..., sondern ... が間に挟まることになるので，ややわかりにくい文になります。

　なお，韓国の人も箸を使っておかずは食べますが，お椀に入ったご飯は箸ではなくスプーンで食べるのですね。ドイツ人も箸ではなかなか苦労するみたいです。というのも，ドイツではテーブルにお椀を置いて食べるので，それが箸だとご飯がポロポロ落ちるのです。私はドイツ人学生と食事に行くたびにお椀をもって食べろというのですが，やはり抵抗があるようです。

4. 彼女は戸棚を探したが，きれいなカップはどこにもなかった。

→Sie suchte im Schrank, fand aber keine saubere Tasse.

　最初の文では「戸棚を」となっていますが，もちろん Sie suchte den Schrank. としてはいけません。これでは，なくなってしまった戸棚を探しているということになります。次の文を読めば，探しているのは戸棚ではなくカップだとわかります。ですから，「戸棚」は4格目的語ではなく，場所で，im Schrank となります。suchen の場合は戸棚の中において探すわけですから，in の後は3格ですが，schauen「見る」を使うこともできます。この場合は覗き込むわけですから，in の後は4格で，Sie schaute in den Schrank. となります。

　なお，suchen は，探し求める対象を4格にする場合と，nach + 3格にする場合があります。

> Er sucht in der ganzen Wohnung den verlorenen Schlüssel.
> 彼は家の隅々までなくした鍵を探し回る。

> Sie sucht nach den richtigen Worten.　彼女は適切な言葉を探す。

> Die Polizei sucht den Täter / nach dem Täter.　警察は犯人を捜している。

　4格目的語は，探しているものが存在しているか，少なくとも努力すれば手に入る場合に用いられます。鍵をなくしたとはいえ，その鍵はどこかには存在しているのです。Ich suche eine Stelle.「私は就職口を探している」という場合，就職口が見つかるということを前提に探しているわけです。それに対して，「適切な言葉を探す」という場合，それがそもそもあるかどうかはわかりません。そのような不確かなものを追い求める場合に nach + 3格が使われます。Sie sucht nach dem Sinn des Lebens.「彼女は人生の意義を探している」とかですね。警察の例が一番わかりやすいかもしれません。犯人が誰かもうわかっていて，潜伏先と思われるところを調べているような場合は den Täter suchen です。それに対して，犯人がそもそも誰かはわからない，または見当は付いていても確証がなく，そもそもどこを捜索すれば見つかるか見当が付いていないという場合は，nach dem Täter suchen です。

誰かわからないのにこの場合でも定冠詞を付けるのは犯人はいるに決まっています。また，犯人が女性でも e Täterin とはあまり言わず，多くの場合，男性形の r Täter を使います。

　さて，問題文に戻ると，この場合，探しているものは eine saubere Tasse です。ここでは目的語を省略していますが，省略せずに言うと，Sie suchte eine saubere Tasse im Schrank. でしょうか，Sie suchte nach einer sauberen Tasse im Schrank. でしょうか。基本的には 4 格の方です。確かに見つかるかどうかわからないにせよ，きれいなカップの 1 つぐらいどこかにはあるはずだからです。

　問題は 2 番目の文の作り方です。「きれいなカップ」を主語にして，?Eine saubere Tasse war nirgends da. と言うのは文法的には正しいのですが，非常に強調した凝った文です。不定冠詞のついた名詞を文頭に置き，それを nirgends で否定するからです。ここではまず否定冠詞を使って keine saubere Tasse とすることを考えましょう。とはいえ，?Aber keine saubere Tasse war da. とするのはよくありません。否定冠詞が付いた名詞もやはり「不定」です。ですから文の最初に持ってくるのは情報の流れからいって不自然なのです。ですから，Aber da war keine saubere Tasse. とするか，Aber es gab keine saubere Tasse. とするのも考えられます。

　しかし，一番しっくりくるのは，前の文の主語をそのまま踏襲して，..., fand aber keine saubere Tasse. とすることです。「どこにもなかった」を sein 動詞や es gibt で表わしてもいいのですが，それは客観的に存在しなかったと言っていることになります。この場合はもしかしたら戸棚の隅にでもあるのかもしれませんが，いくら探しても彼女には見つからなかったわけですから，finden を使うのがいいわけです。なお，kein を使えば「どこにも」を表わす言葉は使いません。もし，どうしても使いたければ，Sie fand nirgends (nirgendwo) eine saubere Tasse. とします。nirgends に否定が含まれているので，名詞の方は不定冠詞にしなければなりません。

5.　彼女はきっと病気だ。というのも，ここにいないからだ。

→Sie muss krank sein, denn sie ist nicht hier.

　前半の部分の「きっと」のニュアンスを表すために，模範例としては，話法の助動詞の müssen を使っています。müssen に限らず話法の助動詞には，客観的な状況判断に基づいて「必要性」，「義務」，「能力」などを表す「客観用法（＝義務的用法；deontischer Gebrauch）」と，話者の主観的判断に基づいて，ある事柄が真実であるかの可能性の度合いを表す「主観用法（＝認識的用法；epistemischer Gebrauch）」がありますが, müssen の「主観用法」は，「強い確信」を表します。Duden Universalwörterbuch の説明には，„drückt eine hohe, sich auf bestimmte Tatsachen stützende Wahrscheinlichkeit aus; drückt aus, dass man etwas als ziemlich sicher annimmt"「特定の事実に依拠する高い可能性を表す。あることをかなり確実だと想定していることを表す」とあり，Er muss jeden Moment kommen.「彼は今にも来るに違いない」という例文が添えられています。単に確信しているだけでなく，そう思うにはなんらかの事実の裏付けがあるというわけです。müsste は「本来は …であるはずである」という想定を意味としてもっており，dürfte は「…ということもあり得る，起こってもおかしくはない」というそれよりは弱い推量なので，ここでは文意に合いません。

　話法の助動詞の代わりに，可能性の高さを表す形容詞の sicher, wahrscheinlich も使えます。Sie ist sicher krank.「彼女は確実に病気だ」，Sie ist wahrscheinlich krank.「彼女はたぶん病気だ」となります。sicher のほうが wahrscheinlich よりも確実度が高まります。なお，müssen とこれらの形容詞を使って，たとえば，?Sie muss sicher krank sein. とはふつう言いません。doppelt gemoppelt「不必要にダブっている」からです。wohl を使って，Sie ist wohl krank.「彼女は病気なのだろう」とも言えますが，wohl は話し手の主観に基づく推量で，しかも，確信までは至っていないことを表すので，課題文の「彼女はきっと病気だ」の訳としては弱いことになります。

　さて，問題は後半部分をどのように訳すかですが，?? Sie muss krank sein, weil sie nicht hier ist. もしくは，… , da sie nicht hier ist. は，どちらも奇妙な

論理になってしまいます。weil も da も原因や理由を表すからです。「彼女がここにいない」ことは、「彼女が病気である」ことの原因ではありません。集合場所に来なかったから病気になるというのは聞いたことがないでしょう。ここではそうではなく、話し手は、「彼女が病気である」と確信したことを述べ、それについて（おそらく彼女の普段の行動パターンからして）「ここにいない」ことを根拠として挙げているのです。こういうときに使われるのが denn です。「原因・理由」と「根拠」は違います。違う例で違いを見てみましょう。

Die Straße ist nass, weil es vorhin geregnet hat.

さっき雨が降ったので、道路が濡れている。

?? Es hat vorhin geregnet, weil die Straße nass ist.

道路が濡れているから、さっき雨が降った。

Es muss wohl geregnet haben, denn die Straße ist nass.

雨が降ったに違いない。だって、道路が濡れているから。

　（A）「道路が濡れている」ことを根拠にして話し手は（B）「雨が降った」ことを推測したのです。逆に、（B）「雨が降った」ことが（A）「道路が濡れている」の原因です。というわけで、weil や da は（B）に付き、denn は（A）に付くわけです。なお、denn は必ず主張（B）の後から根拠（A）を言うときに使います。「私が何でこんなことを言っているかというと、その根拠は…」ということですから、前には言えないのです。それに対して、原因や理由を表す weil/da は主文の前でも後でも言えます。Weil es vorhin geregnet hat, ist die Straße nass. も、もちろん言えます。

　weil と da の違いはここでは深入りしませんが、一般的に da は書き言葉で使われる傾向にあり、かつ、その理由が既に聞き手にも知られている（既知の）情報であるときに使われる傾向にあります。

ポイント！

❋情報は定－不定の順番で提示する。代名詞－定の名詞－不定の名詞の順番
　で並べる。代名詞は１格－４格－３格の順。

❋文頭はテーマを表わす。

❋結論から言うとドイツ語らしい。

　語順を決める要素は２つあります。１つは「動詞との結びつき」で，これ
によって「枠構造」ができあがります。次に働くのが「情報の流れ」で，要
素は「定－不定」で提示されます。たとえば，*Er schenkt einer Frau den
Ring. とは言えません。必ず，Er schenkt den Ring einer Frau. となります。
聞き手が特定できる定冠詞の付いた名詞を先に言うのです。代名詞は名詞の
前に置かれます。Er schenkt ihr den Ring. であって，*Er schenkt den Ring
ihr. は不可能です。日本語では「その指輪を彼女に」と言えるのとは大違い
です。つまり，代名詞－定の名詞－不定の名詞の順番です。代名詞が複数あ
る場合は，１格－４格－３格の順番です。ただし，主文の文頭の位置は特別
でこの順番には入りません。つまり，Ihr schenkt er ihn. という語順は可能
ですが，それを副文にすると，*dass ihr er ihn schenkt. とはならず，必ず，
dass er ihn ihr schenkt. になるわけです。

　文頭にはテーマ，すなわち，何についてこれから述べるかを表わす要素が
置かれるのが自然です。たとえば，In Japan gibt es viele Berge.「日本は山
が多い」では日本について述べていますね。このように文頭の成分と日本語
の「は」の働きには共通するものが多くあります。

　また，日本語では「今日は宿題をしなければいけないので，これから家に
帰ります」のように，理由を言ってから結論や主張を述べることが多いので
すが，ドイツ語では理由と結論なら，どちらを前に言ってもよいですが，そ
の結論が主張の意味合いが強ければ，まずその主張を述べることが多いです。
ですから，Weil ich heute Hausaufgaben machen muss, gehe ich jetzt nach
Hause. と言うのは文法的には正しいのですが，やや不自然な言い方で，Ich
gehe jetzt nach Hause. Ich muss heute Hausaufgaben machen. と言うのが自
然です。この時，必ずしも weil は使いません。

ドイツ語の文にしてみよう！ ✍

1. 月曜日，私は朝9時から夜7時まで大学にいます。でも火曜日は授業がないので，一日中家にいます。

検討語句 an, in, *e* Universität, *r* Unterricht, den ganzen Tag, da, weil

---

2. 今日は誰も私に電話して来なかった。

検討語句 anrufen, niemand, jemand

---

3. 私の車の後部座席に救急診療カバンがある。誰かそれを私にとってきてくれないか？

検討語句 *r* Rücksitz, *r* Erste-Hilfe-Koffer, holen, jemand, ihn, den

---

4. 明日早く起きなければいけないので，もう寝なさい。

検討語句 früh, schnell, aufstehen, weil, sonst

---

1. 月曜日，私は朝9時から夜7時まで大学にいます。でも火曜日は授業がないので，一日中家にいます。

→Am Montag bin ich von neun Uhr morgens bis sieben Uhr abends an (in) der Uni. Da ich aber am Dienstag keinen Unterricht habe, bleibe ich den ganzen Tag zu Hause.

　最初の文では文頭を何にするか考えましょう。もちろん，ich から始めても悪くはありません。ただ，次の文を読むと月曜日と火曜日が対比されているのがわかるので，ここでは am Montag を文頭において始める方がより意図がはっきり伝わるでしょう。日本語文で「月曜日」の後に読点（「テン」）が打ってあるからといって，それにつられて Am Montag, bin ich... としてはいけません。また，*Am Montag, ich bin ... は論外です。コンマを打てば「定形第2位」を守らなくていいという問題ではありません。

　「朝9時」「夜7時」と午前と午後を明示するときは，それぞれ neun Uhr morgens, sieben Uhr abends と，時刻の後に副詞の morgens, abends を付けて言うのが一般的です。neun Uhr am Morgen, sieben Uhr am Abend とするのも正しいのですが，使用頻度は明らかに下がります。なお，日常的に24時間方式で時刻を言うドイツ人も多いので，von neun Uhr bis neunzehn Uhr とするのも悪くありません。「... から ... まで」は，von ... bis ... と言います。

　「大学に」は an der Uni の他に in der Uni とも言います。

Ich studiere an der Universität Göttingen.
私はゲッティンゲン大学で勉強しています。

Kommst du heute in die Uni? 今日，大学に来る？

　ある大学に籍を置いて勉強している，あるいは，教員として教えていることを言う場合は，an der Universität studieren/lehren と an を使います。この場合は教育・研究組織としての大学が問題になっています。これに対して，同級生などに今日大学に来るかどうかを尋ねる場合，その人がその大学に属していることは前提とされていて，大学の建物や敷地の中に来るかを問題に

しています。この場合は in die Universität kommen と言うのがふつうです。話し言葉では Universität を短くして Uni とよく言います。

　課題文の場合，大学で勉強している，授業を受けているという意味合いが強ければ an で，物理的に大学の構内にいるという意味合いが強ければ in を使いますが，ちょうどどちらとも解釈できるので両方可能です。

　さて，次は，「火曜日は授業がないので」と理由を表わす文から始まっていますので，da または weil から始まる副文を使います。ここでは，月曜日と火曜日が対比されているからといって，*Da am Dienstag ich keinen Unterricht habe, とはできません。副文の中においては主語を表わす人称代名詞はかならず接続詞のすぐ後，つまり，接続詞を除いた部分の先頭に置かれなければならないのです。この意味で，主文における文頭と同じ機能のものは副文にはありません。「火曜日」の部分を際立たせたいときは，Da ich am Díenstag keinen Unterricht habe, ... と Dienstag の部分を強く読む（文強調アクセントを置く）しか方法がありません。

　da と weil は両方とも理由を表わし，多くの場合，交換可能です。傾向としては，da は，相手も知っていること，少なくともすぐに納得できる事柄を理由として挙げるときに用いられます。weil は，それに対して，相手にとって新しい情報を理由として提示するときに用いられます。

Da es gestern stark regnete, bin ich nicht spazieren gegangen.
昨日は雨が強く降っていたので，私は散歩に行かなかった。

Ich konnte gestern nicht ausgehen, weil meine Tochter plötzlich krank wurde.
私は昨日外出できませんでした。娘が急に病気になったからです。

　相手にとって既知の情報は最初に，未知の情報は後に述べる方が自然ですから，da の副文は主文の前に，weil の副文は主文の後に言われることが多くなります。しかし，この使い分けはそれほど厳密ではなく，da は文体的に堅いと感じるドイツ人も多く，書き言葉では da を，話し言葉では weil を用いるという人もいます。問題文の場合は，聞いている人もすぐに納得できるだろうという理由から da を使いましたが，weil を用いても構いません。

2. 今日は誰も私に電話して来なかった。

→Heute hat mich niemand angerufen.

　ここでは語順が問題になります。おそらく多くの人はこう書いたのではないでしょうか。

　??Heute hat niemand mich angerufen.

　しかし，こうは言いません。文法的にはよさそうですが，ドイツ語のネイティブスピーカーにこの文を聞かせると誰ひとりとして良いと言ってくれません。目的語の mich を主語の niemand よりも先に置くと言います。

　niemand と mich をどう並べるかには，2つの要素が絡みます。1つ目は「格」です。要素がすべて代名詞だとすると，1格＞4格＞3格の順に並びます。たとえば，日本語では「今日，彼女に彼は電話した」と言えますが，ドイツ語では Heute hat er sie angerufen. と言うのであって，*Heute hat sie er angerufen. とは言えません。また，副文の中では，1格（主語）の人称代名詞は必ず従属接続詞のすぐ後に言われます。

Heute hat er sie angerufen.　今日，彼は彼女に電話した。

Ich weiß, dass er sie heute angerufen hat.
今日，彼が彼女に電話したことを私は知っている。

*Ich weiß, dass heute er sie angerufen hat.**

　主文では主語の人称代名詞は必ずしも文頭に置かれなくてもよいのに対し，副文ではそれは許されないわけです。主文の文頭の位置は特殊で，その文の「テーマ」になるものなら，ほとんど何でも持ってくることができます。ですから，4格の代名詞を文頭において，Sie hat er heute angerufen.「彼女に彼は今日，電話した」とも言えるわけです。

　語順を決めるもう1つの要素は「定性」，つまり，「特定できるものを特定できないものよりも先に言う」という原則です。定＞不定の順番だということです。たとえば，定冠詞の付いた名詞は不定冠詞の付いた名詞よりも先に言われます。Er schenkt der Frau einen Ring.「彼はその女性にある指輪を

贈る」はいいのですが，*Er schenkt einer Frau den Ring.「彼はある女性に
その指輪を贈る」はいけません。Er schenkt den Ring einer Frau. です。代
名詞ならば，4 格＞3 格の順番ですが，名詞ならば，3 格目的語と 4 格目的
語は定の度合いが高い方を先に言います。

　問題文では，mich は定の人称代名詞です。つまり，「私」という他に間違
えようのない人間を指し示しています。それに対して niemand は「誰も ... な
い」という不定人称代名詞で，特定の人間を指し示してはいません。

　さぁ，問題は今言った 2 つの原則が競合するときです。1 格＞4 格の原則
に従うと niemand mich の順，定＞不定の原則に従うと mich niemand の順
になりますが，この場合は定＞不定の原則に軍配が上がります。それは
niemand の定性があまりにも低いからです。「誰でもない人」を主語だから
と言って「私」の前に言うのは不自然なのです。jemand「誰か」は，不定
だとは言え，niemand よりは定である度合いはやや高まります。つまり，
Jemand hat mich angerufen.「誰かが私に電話した」という場合，この文を
言っている本人はそれが誰かを知っていることもあり得るからです。それで
もやはり，mich jemand の語順の方が自然です。不定冠詞の付いた名詞も
mich の後ろが自然ですが，このあたりから微妙になってきて，定冠詞付き
の名詞だとちょうどどちらでもよくなります。同じ不定代名詞でも man は
世間一般の人を指しますが，特定の人（人びと）を念頭に置いていることも
多く定の度合いが高まります。それで 1 格＞4 格の原則が優先されるので，
man は文頭もしくは定動詞のすぐ後に言われます。人称代名詞ならば，も
ちろん 1 格の方が先です。ややこしくなってきたので一覧してみましょう。
定冠詞付きの名詞のところが分岐点なのです。

Heute hat mich niemand angerufen.	?? niemand mich
Heute hat mich jemand angerufen.	? jemand mich
Heute hat mich ein Mann angerufen.	? ein Mann mich
Heute hat mich der Mann angerufen.	der Mann mich
Heute hat man mich angerufen.	*mich man
Heute hat er mich angerufen.	*mich er

3. 私の車の後部座席に救急診療カバンがある。誰かそれを私にとってきてく れないか？

→Auf dem Rücksitz meines Autos ist ein Erste-Hilfe-Koffer. Kann mir den jemand holen?

　これは前の問題の応用編です。2番目の文の語順が問題ですが、とりあえず最初の文から見ていきましょう。

　ある物があるところに存在するという場合、sein 動詞と es gibt の両方が使われますが、sein は存在物と存在場所の両方に焦点があたるのに対して、es gibt は、そもそもそういう物が存在する、ということを言いたいときに使われる傾向があります。詳しいことは第2部の178ページで説明します。ここでは、救急診療カバンなるものが存在するというよりは、後部座席に置いてあるということを言いたいわけなので sein を使う方がより自然です。また、定＞不定の法則によって、この場合は場所を先に言います。?? Ein Erste-Hilfe-Koffer ist auf dem Rücksitz meines Autos. は、非文法的な文とまでは言えませんが、非常に不自然です。ちなみに、車の運転席は r Fahrersitz、助手席は r Beifahrersitz と言います。

　さて、本題に入りましょう。解答文の後半の文の語順を不思議に思うかもしれません。他の語順も考えてみましょう。

　*Kann jemand den mir holen?
　Kann jemand mir den holen?

　上の方は絶対に言わず、下の方は言えます。ここでは3つの要素が絡んでいますね。主語（1格）の「誰か」、間接目的語（3格）の「私に」、直接目的語（4格）の「それ」です。前の問題で勉強しましたが、もし、これらの要素がすべて人称代名詞だったら、1格＞4格＞3格の順番で並びます。

　ここではそれぞれ違う品詞なので、文法的な性質と情報の価値が異なるのです。「定性」という観点で見てみると、mir が1人称の代名詞で、もっとも「定」の度合いが高くなります。「定」とは、その文を聞いた（あるいは読んだ）相手がどれだか特定できるという性質ですが、ドイツ語では名詞に

定冠詞を付けるなどして表わします。その中でも特に相手にとって自明だと思われるものを代名詞にするわけです。

　同じ「代名詞」でも，den は「指示代名詞」です。ここでは直前に言った der Erste-Hilfe-Koffer を指しています。この点で人称代名詞と似ていますが，指示代名詞は必ずしも前に述べたものを指すだけでなく，ある物を指していきなり使うこともできます。たとえば，スカートを選んでいるという状況で，Was kostet der?「これいくら？」と言えば，Was kostet der Rock?「このスカートいくら？」ということです。Rock という名詞を口に出さなくてもそれが男性名詞だということが共通理解としてあるわけです。日本語を話す私たちには不思議な頭の働きですが，ドイツ語話者はこうやってコミュニケーションしているのですね。指示代名詞は，「定」の度合いはかなり高いのですが，このように場面に依存するという点で人称代名詞ほどではありません。

　jemand はこれに対して，「不定代名詞」，つまり，不特定の人物を指す語です。「定」の度合いは低くなります。しかし，前の問題の niemand よりは高くなります。この問題では，少なくともその場に居合わせている人間のうちの誰かです。ここの点が微妙なところですが，とりあえず「定」の度合いで並べると，mir ＞ den ＞ jemand となるわけです。

　jemand はこの文の主語で 1 格ですが，ドイツ語では主語は 2 番目にあるとは限りません。この場合，「定」の度合いの差はあまりに大きいので，格の原則よりも定の原則が優先されて解答文ができあがるのです。しかし，やはりできれば主語を先頭に言いたいという語順の要求もあり，jemand が niemand とは違い，上で述べたように，100 パーセント不定とは言い切れないので，Kann jemand mir den holen? の語順でもよいということになります。なお，この場合でも mir den の順番，つまり，人称代名詞＞指示代名詞の順番は守られます。主語の 1 格は不定でも前に置くことはありますが，3 格と 4 格は定の度合いが順番を定めるのです。

　もし，den の代わりに人称代名詞を使うと，Kann ihn mir jemand holen? となります。今度は，ihn と mir は両方とも人称代名詞なので，4 格＞ 3 格の順番になるのです。これも正解ですが，話し言葉ではこのような場合は，指示代名詞の方がより好まれます。

4. 明日早く起きなければいけないので，もう寝なさい。

→Geh endlich ins Bett! Sonst kannst du morgen nicht früh aufstehen.

　命令や依頼に理由や条件が付いているとき，日本語の語順に引きずられがちです。

　??Weil du morgen früh aufstehen musst, geh endlich ins Bett!
　? Geh endlich ins Bett, weil du morgen früh aufstehen musst!

　これらの文は，文法的に間違いとまでは言い切れませんが，非常に奇妙な文で，ネイティブスピーカーはまず言いません。上の文は特におかしく聞こえます。weil から始まる文を聞いたときに，何を言いたいかわからないからです。命令したいなら，まず命令文を先に言う方が自然です。それが下の文で，理由を最初に言う文に比べるとずっとよくなりましたが，これでも少しまどろっこしい感じがします。理由を挙げるときに必ず weil を使わなければならないというわけではありません。むしろ，それがない方がスッキリします。その場合は ja などの心態詞を使いましょう。

　Geh endlich ins Bett! Du musst ja morgen früh aufstehen.

　ja は相手も知っている事柄を理由として提示するときに使われます。これを使うことによって，相手に朝早く起きなければいけないということを思い出させているのですね。

　「寝なさい」という部分は ins Bett gehen の代わりに schlafen gehen を使って，Geh endlich schlafen! とも言えます。どちらも意味は変わりません。??Schlafe endlich! とは言いません。これだと子守歌の歌詞ですね。シューベルトの子守歌をご存じの方も多いでしょう。Schlafe, schlafe, holder süßer Knabe, ...「眠れ，眠れ，愛らしくかわいい子どもよ」ですが，日本では一般に「眠れ，眠れ，母の胸に」と訳されています。とにかく，Schlafe! と言えるのは，すでにベッドに横たわって（あるいは母の胸に抱かれて）眠る体勢になっている相手にだけです。ただし，これから就寝するという相手に対し，gut を付けて，Schlafen Sie gut!「よくお休みください」という表現はよ

く使われます。

　ここでは，ずっと起きていないでもういい加減に寝ろということなので endlich を使っています。jetzt や gleich を使うこともできます。

　さて，命令文に，条件や時間が付け加わるときはどうなるでしょうか。

Mach bitte das Licht aus, wenn du ausgehst!
出かけるときは電気を消してね。

Wenn du nächstes Mal kommst, bring bitte die CD mit!
次に来るときは，その CD を持ってきて。

　この場合はどちらもあり得えます。どちらかと言えばやはり命令を先に言う方が多いのですが，下の例のように「次に来るときは」と相手に明示してから，「その CD を持ってきて」と要望を伝える方が効果的な場合もあります。これが理由の場合と違うのですね。

　さて，解答例では，理由を述べる部分をさらにひとひねりしてドイツ語らしくしています。命令文の後には，sonst「さもないと」と，それをしないと想定される事態を述べることによって命令の理由を挙げることが多いのです。「明日早く起きなければならない」を「さもないと明日早く起きられない」ということで Sonst kannst du morgen nicht früh aufstehen. と言うわけですね。日本語の文をこのように瞬時に変換できるようになるとこなれたドイツ語を話すことができるようになります。とりあえず，このパターンに慣れるといいですね。例題です。

　「電車に乗り遅れる（den Zug verpassen）から，急いでください（*sich beeilen*）！」と「遅くなるので，もう帰ったほうがいいよ」です。

Beeilen Sie sich bitte! Sonst verpassen Sie den Zug.
Es ist besser, du gehst gleich. Sonst ist es zu spät.

　下の文は文法的には命令文ではないですが，意味としては命令，あるいは，強い助言ですね。やはり，sonst を使って，それをしなかったときに想定されることを述べることにより，なぜそのようなことを話者が言っているかの理由を述べています。

ドイツ人が間違えるドイツ語

　本書をお読みの皆さんの中にはご存じの方も多いでしょうが，2004 年からドイツで，„Der Dativ ist dem Genitiv sein Tod.“ という本がベストセラーになっています。Bastian Sick という人が Spiegel-online に連載している Zwiebelfisch というコラムを集めた本で，2024 年現在第 6 巻まで出ており，これで一応完結ということになっています（と言っておきながら続編が出るかもしれませんが）。ドイツ語の誤用や揺れについて面白おかしくエピソードを交えて書いています。たとえば，パンにつけるチョコレートの Nutella の性を巡って夫婦が口げんかする様子などは読んでいて「へぇー」と思い，性がちゃんと決まっていない名詞は案外たくさんあるものだとわかります。

　しかし，本書を書くうえで，この本が役に立ったかといえば，その答えは Nein, fast gar nicht. です。当然ながらドイツ語のネイティブスピーカーを対象にしているので，日本人の私たちがドイツ語の文を作るときにしがちな間違いなどは当然ながら出てきません。「ここはどこですか？」を * Wo ist hier? とは言えないなどいうのは，そもそもドイツ人の念頭に浮かばないことだからです。

　反面，私たちが絶対やらない間違いを多くのドイツ人がしていることを知り，びっくりしてしまいます。たとえば，「複数の -s の前にはアポストロフィーを打ってはいけない」などです。なんと CD の複数形を CD's と書く人が増えているそうなんです。日本の学習者だと，2 格の，つまり，所有の -s を's としてしまうのはあり得ます。英語からの類推でついやってしまうのでしょう。しかし，いくら初心者でも複数形ではやりませんね。そもそも，複数形を習うときに，無語尾型，-e 型，-er 型，-(e)n 型と来て，最後に -s 型がでてくるときは，「s だけ付ければいい名詞もあるんだ。やった。」と思うだけですね。

　そういえば，ドイツ人と話していると，よく，Sie sprechen besser Deutsch als viele Deutsche. と，言われることがあります。もちろん，半分以上お世辞に決まっていますが，一抹の真実もあるかもと，この本を読んで思いました。たとえば，前置詞の wegen は本来 2 格支配ですが，最近は多くの人が

３格支配で使っています。「悪い天気なので」は，wegen schlechtem Wetter と言うわけです。しかし，私は，最初に習ったときに２格支配だと刷り込まれてしまっているので，「ついつい」wegen schlechten Wetters と言ってしまうのですね。そうするとドイツ人は「この日本人，２格を使っているよ！」と感動するらしいのです。

　それから，weil で始まる副文では，動詞が最後に来るのは当たり前ですが，ドイツ人が話しているのを聞いていると，非常に多くの場合，主文と同じ定形第２位の語順になっています。これも「ついつい」正しい語順で話してしまいます。もし，このままドイツ語が変化していって，weil は従属接続詞ではなく denn と同じような並列接続詞になるのなら，今から練習しておかなくてはいけません。

　こういうのを「間違い」といえばそうですが，むしろ言語の変化に属するものですね。反面，どんなドイツ人でも決してしない間違いもあります。私の観察によると，主語と動詞の一致は絶対に間違えません。ところが，私は結構，これが自信がないことが多いのです。とは言っても（さすがにこれでもドイツ語の教師ですから）動詞の変化自体は大丈夫です。問題は，話しているうちに主語を忘れてしまうことがあるのです。たとえば，In Japan ist es nicht üblich, weil...「日本ではそれは一般的ではありません。なぜなら ...」と説明するときは，weil の主語は man でも wir でも Japaner でもいいわけです。その説明の副文が結構長くなって，さて，文を締めくくるときに，「あれ，man と言ったっけ？　wir と言ったっけ？」となってしまうことがあるのです。私だけが特に記憶力が悪いのかもしれませんが，おそらく似た経験を持つ人はいるのではないでしょうか。ところが，ドイツ人にこういうことはあり得るか，と聞いたところ，みな「絶対にない」と言います。たしかに，従属接続詞の dass を das と書いて全く何とも思わないドイツ人でもこの間違いはしないようです。その文の主語を途中で忘れるということはあり得ないのですね。ネイティブの頭の構造はやはり違うようです。

第❹課　動詞の本質

ポイント！

✱動詞を使うときは，主語の人称と数を何にするかを最初に決める。
✱動詞の補足成分を確かめる。

　動詞は定形か不定形かのどちらかの形をしています。定形というのは「主語が定まった形」ですが，同時に時制も定まっています。Er spielt heute Tennis.「彼は今日テニスをする」で，spielt の語尾が -t なのは，主語が3人称単数で，かつ，時制が現在だからです。ドイツ語の文ではまず主語の人称と数を何にするかを考えなければなりません。

　たとえば，Thomas und ich sind gute Freunde.「トーマスと私はよい友だちだ」では，主語は Thomas und ich で，これは1語で言うと wir ということになりますから，動詞は1人称複数形の語尾を取ります。いわゆる「相関接続詞」と言われる，sowohl A als auch B「A も B も」や，nicht A, sondern B「A ではなく B」のときに，動詞の形がどうなるかを練習を通して確かめましょう。

　また，多くの動詞は単独で使われるのではなく，補足成分と呼ばれる必要な成分を持ちます。第1課でも見たように，besuchen「訪問する」は必ず4格目的語を必要とします。このような他動詞だけでなく，自動詞にも必要な成分があります。Wohnen Sie in Tokyo?「あなたは東京に住んでいますか？」と聞かれて，*Ja, ich wohne. とは言えません。wohnen は必ず場所などの副詞的成分とともに使用されるので，Ja, ich wohne dort. と言わなければいけません。

　日本語では，文脈から明らかな成分はすぐに省略できるので，私たちは動詞の補足成分に無頓着なことが多いのですが，ドイツ語ではこれが重要です。動詞の用法を辞書で調べるときは，この点にいつも注意してください。それによって，正確な知識が蓄積され，正しい語感が養成されるのです。

ドイツ語の文にしてみよう!

1. 次の節ではこの問題をさらに検討します。

> 検討語句／ r Abschnitt, auf *et*⁴ eingehen, *sich* mit *et*³ beschäftigen, weiter, näher

---

2. あなた方おふたりとも明日のパーティに行くのですか?
　　―いいえ，妻か私のどちらかが行きます。

> 検討語句／ beide, e Party, entweder A oder B, nicht A, sondern B

---

3. 増え続ける国の借金をどう減らすかを話しあう会議はまだ続いている。

> 検討語句／ pl Staatsschulden, e Sitzung, wachsen, anwachsen, reduzieren,
> e Reduzierung, dauern, andauern

---

4. 昨日このシャツを買ったのですが，襟がきついのです。交換してもらえ
　　ますか?

> 検討語句／ s Hemd, r Kragen, eng, umtauschen, wechseln

---

1. 次の節ではこの問題をさらに検討します。

→Im nächsten Abschnitt gehen wir auf dieses Problem noch näher ein.

　日本語では例によって「誰が」検討するのかが書かれていないので，それを決めることが重要です。この文は論文でよく出てくる表現だということを考慮して，ここでは主語を wir にしました。論文では，筆者が主張を述べていくのですが，自分だけがそう思っているわけではなく，読者を含めて「私たち」が検討していくと述べるのが，昔からの習慣になっています。これは Autorenplural「著者の複数」などと呼ばれる用法です。学術的な講演でもよく耳にします。

　　Damit kommen wir zu der Frage, die wir nun ausführlicher behandeln wollen.
　　ここで，これから詳細に検討しようと思う問題に行き当たります。

　ただし，筆者が自分のことを ich と書くとよくないかと言うとそうとも言い切れません。特に，卒業論文程度で wir を多用すると，「若造のくせに生意気」と思う教授もいるようです。いくら学術的な文体だとはいえ，wir と繰り返えされると，読み手である教授もその論文の説に同意している人間にさせられるわけです。まともな事が書いてあればいいですが，くだらない説を wir で延々と主張されると余計腹が立ってくるのもわからないではありません。この辺の感覚はドイツ人といえど人によって異なるので，論文の場合は提出する教授がどのような文体を好むかを予め調べておくのが良さそうです。

　もう１つの可能性として，日本語で「筆者」と言うように，ドイツ語でも男性なら der Autor, 女性なら die Autorin を使う書き方もあります。これは，全体の要約でよく使われます。

　　In dieser Arbeit diskutiert die Autorin die Situation von Kindern in Afrika.
　　この論文で，筆者はアフリカの子どもたちの状況を論じている。

　さて，書物や論文などはいくつかのまとまりに区切られています。最も大

きいまとまりが s Kapitel「章」です。これは本やかなり長い論文に見られます。その下のまとまりが r Abschnitt「節」です。短めの論文では Kapitel はなく Abschnitt しかないことがふつうです。さらにその下が，r Absatz「段落，パラグラフ」になります。ただし，Absatz を「節」の意味で用いることもあるので，厳密に使い分けられているわけではありません。法律の条文では，r Artikel「条」と r Absatz「項」が使われます。

　「検討する」「扱う」という場合，*sich* mit *et*[3] beschäftigen も使えますが，この auf *et*[4] eingehen も非常によく使われます。この場合，「詳しく」という副詞は näher です。否定でも使われます。

Wir gehen hier auf dieses Problem nicht näher ein.

Wir wollen/möchten hier auf dieses Problem nicht näher eingehen.

私たちは，ここではこの問題は詳しく扱いません。

　この場合，話法の助動詞を使っても使わなくても意味はあまりかわりません。näher の代わりに weiter を使うと，これまで扱ってきたが，これ以上は扱うのをやめるという意味になります。

　さて，これまでは，主語を立ててきましたが，論文など客観性が求められる文では，さらに一歩進んでこれらを全く消すこともできます。

Auf dieses Problem soll hier nicht näher eingegangen werden.

この問題はこれ以上詳しく扱いません。

　動作主をなくすためには能動文を受動文にすればいいわけです。Auf dieses Problem wird hier nicht näher eingegangen. となります。

　auf *et*[4] eingehen は前置詞目的語を持つ自動詞ですから，受動文は主語がない「非人称受動」になります。能動文にある筆者の意志を表わす wollen は受動文では使えませんが，その裏返しの意味を持つ sollen を使えばよいのです。この対応関係をしっかり理解して使えるようになりましょう。他動詞の behandeln「扱う」を使って，Wir wollen hier dieses Problem behandeln.「私たちはここでこの問題を扱いたい」なら，Hier soll dieses Problem behandelt werden. になるわけです。

2. あなた方おふたりとも明日のパーティに行くのですか？

―いいえ，妻か私のどちらかが行きます。

→Gehen Sie beide morgen auf die Party?

— Nein, entweder meine Frau oder ich gehe dahin.

「ふたりとも」は beide を使います。これは副詞として，Wir gehen beide auf die Party.「私たちはふたりともパーティに行きます」のようにも使えますし，Wir beide gehen auf die Party.「私たちふたりともパーティに行きます」のように人称代名詞とつなげても使えます。この場合 wir beiden と beide に -n を付けて用いられることもありますが，あまり多くありません。ihr の場合は，ihr beide と言うより ihr beiden と言う方が多いようです。強変化にするか弱変化にするか母語話者でも揺れているということです。Sie の場合は，Sie beide の方が多数派です。もっとも，上の例文では beide は副詞として使われると見た方がいいでしょう。その場合は -n は付きません。

さて，この文のポイントは entweder A oder B「A か B のどちらか」が主語になったとき，動詞との一致はどうなるか，ということです。この場合は，B と一致します。つまり，例文の語順をひっくりかえして「私か妻のどちらかが行く」と言うのならば，entweder ich oder meine Frau geht ... となるわけです。

ここで，相関接続詞が主語になっているときの動詞の形はどうなるかを整理しましょう。「A も B も...する」を表わす sowohl A als auch B では複数扱いです。

Sowohl Peter als auch Maria gehen auf die Party.
ペーターもマリーアもパーティに行く。

その反対の weder A noch B「A も B も ... しない」では，動詞は複数扱いにも，B と一致した形にもなります。

Weder ich noch meine Frau gehen/geht auf die Party.
私も妻もパーティには行かない。

　なお，「ＡもＢもＣも...ない」と否定の語句を重ねたいときは，最初だけ
weder と言って，あとは noch を続けていきます。

Ich habe dafür weder Geld noch Zeit noch Lust.
私はそんなことに対して金も時間もやる気もない。

　entweder A oder B「ＡかＢのどちらか」では，動詞はＢに一致します。解
答例の文がそうなっていますね。ただし，entweder の後にすぐ定動詞を言
うこともできます。この場合は必然的に動詞はＡと一致することになります。

Entweder geht meine Frau auf die Party oder ich.
私の妻がパーティに行くか，私かのどちらかだ。

　nicht A, sondern B「ＡではなくＢ」では，動詞はＢと一致します。

Nicht ich, sondern meine Frau geht auf die Party.
私ではなく，妻がパーティに行きます。

　また，nicht nur A, sondern auch B「ＡだけでなくＢも」も，動詞はＢと
一致するのが一般的です。

Nicht nur ich, sondern auch meine Frau geht auf die Party.
私だけでなく，妻もパーティに行きます。

　ちょっとややこしいですが，要するに sowohl A als auch B は結局 A und
B ということですから，複数になるわけです。nicht (nur) A, sondern (auch)
B では，言いたいことの焦点は「Ｂも」ということですから動詞はＢに一
致します。weder A noch B は，ＡもＢもその動作をしないわけですから，
主語は単数なのか複数なのかよくわかりません。それでどっちでもいいこと
になります。

　とにかく，この４つの相関接続詞はとても便利ですから，しっかり使いこ
なせるようになりましょう。表現の幅が広がります。

52

3. 増え続ける国の借金をどう減らすかを話しあう会議はまだ続いている。

→Die Sitzung, in der man über die Reduzierung der anwachsenden Staatsschulden berät, dauert noch an.

　この文の中心は，「会議はまだ続いている」ですから，まず，これを訳しましょう。簡単そうで案外間違いやすいものです。*Die Sitzung dauert noch. としてしまいそうですが，こうは言いません。dauern という動詞は必ず時間の表示を必要とします。

Die Sitzung dauert noch drei Stunden / bis spät in die Nacht.
会議はあと3時間／深夜まで続く。

　多くの他動詞では目的語を省略できないことはわかっていても，自動詞の中でも特定の成分を必要とするものがあることに注意が向かないことがあるものです。「dauern ＋時間の表示」と覚えておいてください。重要なのは，このような成分がない場合に使われる動詞が別にあり，多くは前つづりがその機能を果たしているということです。ここの andauern がまさしくそうで，この動詞は時間の表示なしで使えます。表示があるとしても drei Stunden のような具体的なものではなく，noch「まだ」や，せいぜい den ganzen Tag「一日中」のように「継続中」であることを大まかに示す句です。

Die Verhandlungen dauern noch an.　交渉はまだ続いている。
Die Niederschläge dauerten den ganzen Tag an.　降雨は一日中続いた。

　また，現在分詞で「続いている」を表わすこともよくあります。

Die andauernde Hitze hat zu Wassermangel geführt.
猛暑が続いたことにより水不足が起きた。

　「借金が増える」という場合，wachsen ではなく，anwachsen を使います。こちらは，量を明示するかどうかが問題になるのではなく，主語になるものと，大きくなるプロセスの違いによって使い分けられます。wachsen は，典型的には生物が自然に成長することを表わします。また，痛みや興味などの

抽象的なものが増大するときにも使えます。

Der Junge ist letztes Jahr 5 Zentimeter gewachsen.
その少年は去年 5 センチ背が伸びた。

Überall wächst Unkraut.　あたり一面雑草が生えている。

Der Schmerz wuchs ins Unerträgliche.　痛みは耐え難いまでになった。

それに対して，anwachsen は，集合体やその成長が数字として捉えられるものに使われます。借金や人口などがそういうものですね。

Die Schulden wachsen an.　借金が増えている。

Die Bevölkerung der Stadt ist auf drei Millionen Einwohner angewachsen.
その都市の人口は 300 万人に増えた。

この下の例のように，「...に増えた」と具体的な数字を挙げるときは auf + 数字（4 格）を使います。

wachsen と anwachsen の用法の違いは微妙ですが，前つづりが付くと何かしら意味が変わります。an- は「接触」という基本的な意味を持ちますが，それが個々の動詞で違う現われ方をするので，やはり，出てくるたびに，辞書をじっくり読んで検討することが必要です。

問題文に戻りましょう。ここでは anwachsen を現在分詞にして，die anwachsenden Staatsschulden「増え続ける国の借金」としています。もちろん，副文を使って全体を表わすこともできます。

Die Sitzung, in der man berät, wie man die Staatsschulden, die anwachsen, reduzieren kann, dauert noch an.

もちろんこれで間違いではありません。しかし，一読してわかるように副文の中に副文が入り込む「入れ子構造」になってしまいます。これはくどい上にわかりにくいので，適度に現在分詞を用いたり，名詞化を行なったりしてすっきりした文にしましょう。

4. 昨日このシャツを買ったのですが，襟がきついのです。交換してもらえますか？

→Gestern habe ich dieses Hemd gekauft, aber am Kragen ist es mir zu eng. Können Sie es umtauschen?

「昨日このシャツを買った」の部分は問題ないでしょう。日本語の文には主語がありませんが，ふつうに考えて ich だとわかります。問題は次の「襟がきつい」の部分です。Der Kragen ist mir zu eng. としても間違いではありませんが，ドイツ語では，das Hemd を主語にして，それが am Kragen「襟において」きついと表現する方が自然です。das Hemd が〈全体〉で der Kragen が〈部分〉になるわけですが，このように〈全体〉─〈部分〉の関係があるとき，日本語では〈部分〉を主語にする方が好まれるのに対して，ドイツ語では〈全体〉を主語にする方が好まれるのです。たとえば，上の文で「袖が破れていた」としたいときもやはり Am Ärmel ist es gerissen. と言います。この es は非人称の es ではなく，もちろん das Hemd を指している 3 人称単数の es です。

　同様に〈全体〉─〈部分〉の表わし方で，ドイツ語と日本語で違う表現の仕方をするものをいくつか挙げてみましょう。

Der Mann ist auf einem Auge blind.　　その男は片眼が見えない。

Ich bin auf dem linken Ohr taub.　　私は左耳が聞こえない。

Die Tasche ist am Henkel kaputt gegangen.

そのバッグの柄が壊れてしまった。

Sie lässt das Kleid in der Taille enger machen.

彼女はそのドレスのウエストを細くしてもらう。

　片眼が見えない，片耳が聞こえないというときは，auf einem Auge blind, auf einem Ohr taub と言います。これはこのまま覚えてしまいましょう。バッグの柄（持つところ）が壊れたという場合も，そのバッグ自体が使い物にならなくなったわけですから，やはりバッグを主語にして，柄を場所として表わす方が自然です。最後のドレスの例は，主語ではなく目的語が全体を表

わしています。ドレスのウエストを細くするのは，「ドレスをウエストにおいて細くする」と考えるのです。

　「きつい」は，eng だけではなく，zu eng としなければいけません。さらに，誰にとってきついかを表わす 3 格を添えます。日本語ではわざわざ「きつすぎる」と言わなくても，ドイツ語では，ある人にとって限度を超えていることを表わすときは形容詞の前に zu を置くのです。

　「交換してもらえますか？」は，主語だけではなく目的語も明示されていませんが，ドイツ語にするときは，Können Sie es umtauschen? と両方必要になります。これを *Können Sie umtauschen? と言うと「何を？」と不思議がられてしまいます。文脈から明らかでも目的語は省略できないので，せめて代名詞にして表示します。

　日本語で「交換する」に対応するドイツ語の動詞は複数あるので，きちんと覚えておいてください。問題文のように「買った物やもらった物を別のものと取り替える」は umtauschen です。

Die Geschenke, die einem nicht gefallen, kann man umtauschen.
気に入らないプレゼントは交換できる。

　ドイツではプレゼントでもらったものが気に入らなかったり，すでに持っているものである場合，店に行けば交換してもらえます。とくに，クリスマス後のおもちゃ屋さんなどは，交換しに訪れた子どもで賑わうようです。

um- がない tauschen は，「ふたりの人間がお互いに持っている（ほぼ等価の）ものを交換する」という意味です。目的語なしでもよく使われます。Wollen wir tauschen? は劇場などでは，「席を替わりましょうか？」という意味です。Ich will nicht mit ihm tauschen. は「私は彼と代わりたくない」ということで，彼よりは今の自分のポジションや境遇の方がいいということです。tauschen にせよ，umtauschen にせよ，ふたり（以上）の人が何かを交換するということを意味しますが，wechseln は，使用中のもの，所有，所属しているものなどを他の（同じ種類の）ものに取り替えることを意味します。die Reifen wechseln「タイヤを交換する」，die Schule wechseln「学校を変える」。ですから，問題文では wechseln は使えません。

ポイント！

✴ 現在形は大きな時間的広がりを持っている。

✴ 過去形は現在から切り離されたものとして過去を物語り，現在完了形は現
　在の視点から過去を振り返って叙述する時に用いられる。

✴ 現在完了形はものごとの「完了」を表わすので，条件文における完了や未
　来における完了も表わす。

　「私は 10 年前からここに住んでいます」は，Ich wohne seit zehn Jahren
hier. と言います。このように，過去から始まって現在も続いていることに
は現在形を使います。また，Sie spielt jetzt Klavier.「彼女は今ピアノを弾い
ている」と現在進行中の出来事も，Morgen fahre ich nach Berlin.「明日私
はベルリンに行く」と未来の出来事も現在形で表わします。このようにドイ
ツ語の現在形は英語のそれと比べて大きな時間的広がりを持っています。

　ドイツ語では，過去の出来事を表わすとき，過去形と現在完了形のどちら
も用いられます。両者の違いは「ものごとの捉え方」にあります。過去形は
現在から切り離されたものとして過去を物語るときに使われます。それに対
して，現在完了形は現在の視点から過去を振り返って叙述するときに用いら
れます。それで，過去形は書き言葉で，現在完了形は話し言葉でよく使われ
ます。ただし，sein と haben，話法の助動詞は話し言葉でも過去形が使われ
ます。

　また，現在完了形は本来的に物事が完了していることを表わすので，
wenn 文中で完了することを条件として表わすときにも用いられます。
Wenn ich in Deutschland angekommen bin, rufe ich dich an.「私がドイツ
に到着したら，君に電話する」。もちろん，このときに過去形は使えません。
さらに，未来に完了することでも現在完了形が使われます。Bis morgen
habe ich dieses Buch gelesen.「明日までに私はこの本を読んでしまってい
る」。もともと，現在形が未来のことも表わすので，未来における完了に「現
在」＋「完了」の現在完了形が使われるのも当然なのです。

ドイツ語の文にしてみよう！ ✍

1. 私は 1 週間前からフランスにいますが，明後日からドイツに行きます。

検討語句 / ab, seit, vor

---

2. 夏休みに私たち学生は研修旅行に行きました。3 時間半バスに乗りました。私たちのひとりがそのバスを運転しました。

検討語句 / *pl* Sommerferien, *r* Bus fahren, *e* Exkursion, *r* Ausflug

---

3. 彼は昨夜よく眠れなかったので，今朝はとても機嫌が悪かった。

検討語句 / schlecht gelaunt sein, die Nacht zuvor, gestern Nacht, heute Nacht, zuvor, weil, nachdem, schlecht schlafen, nicht gut schlafen können

---

4. 私がちょうどオフィスから出ようとしたとき，ひとりの男性が飛び込んできた。

検討語句 / als, gerade, *s* Büro, hineinstürzen, hereinstürzen, verlassen haben, wollen

---

1. 私は1週間前からフランスにいますが，明後日からドイツに行きます。

→Ich bin seit einer Woche in Frankreich und fahre übermorgen nach
Deutschland. /
Ich bin seit einer Woche in Frankreich, bin aber ab übermorgen in
Deutschland.

　日本語では同じ「から」ですが，ドイツ語では「過去から現在に至る」と
きは seit を，「現在もしくは未来の時点から先」を表わすときは ab を用いま
す。ですから前半部分は Ich bin seit einer Woche in Frankreich. となります。
現在形を使うのもポイントです。英語なら *I have been in France for a week.*
と現在完了形を使うところですが，ドイツ語では過去から始まっていても現
在に至ってその状態が続いているときは現在形です。Ich habe in Frankreich
gewohnt.「私はフランスに住んでいました」と言えば，以前に住んでいた
けれども現在は住んでいないわけです。ドイツ語の現在形は英語に比べて表
わす時間の幅が広いのです。

Sie spielt zwei Stunden Klavier.　彼女は2時間ピアノを弾く。

Sie spielt schon zwei Stunden Klavier.
彼女はもう2時間もピアノを弾いている。

Sie spielt seit zwei Stunden Klavier.
彼女は2時間前からピアノを弾いている。

　現在形は過去から現在に至ること，現在進行していること，現在から未来
にかけて行なわれること，未来のある時点で行なわれることのすべてを表わ
すことができます。ですから，時としてどの時点を指しているかはっきりし
ないこともあります。一番上の Sie spielt zwei Stunden Klavier. と言えば，
おそらく，習慣として2時間ピアノを弾くということか，これから2時間ピ
アノを弾くということを表わします。もし，すでに2時間弾いているのなら
ば，2番目の文のように schon を付けるか，3番目の文のように seit を付け
るわけです。ただし，Ich lerne drei Jahre Deutsch. と言えば，「私は3年間
ドイツ語を勉強しています」ということで，過去から現在に至る事柄です。

これからきっちり３年間だけドイツ語を勉強すると言うことはあまりないですからね。もちろん，文脈があればそう解釈することも可能です。問題文の場合も，Ich bin eine Woche in Frankreich. と言うと，おそらく「これから１週間フランスにいる」と解釈されます。Ich bin schon eine Woche in Frankreich. と言えば時間的には正しいことになります。ただ，「もうフランスにきて１週間も経ってしまった」というニュアンスがでてきます。

　vor を使って vor einer Woche「１週間前」とするならば，Ich bin vor einer Woche nach Frankreich gekommen.「私は１週間前にフランスに来ました」と過去における行為として表わさないといけません。

　後半部分を日本語に引きずられて*Ab übermorgen fahre ich nach Deutschland. のように書いた人がいるかもしれませんが，これはいけません。ドイツ語では「状態」と「行為（状態変化）」をきちんと分けなければいけません。ab は，現在から先のある時点を基準にして，そこから続く状態を示します。ですから，ab übermorgen と結び付くのは状態を表わす動詞になり，Ab übermorgen bin ich in Deutschland. になるのです。ドイツ語では「明後日からドイツに『いる』」とは言えても「明後日からドイツに『行く』」とは言えないのですね。それならば，「明後日ドイツに行く」として Übermorgen fahre ich nach Deutschland. と言うわけです。

　ab の代わりに von ... an も用いることができます。Von übermorgen an bin ich in Deutschland. です。このとき an を必ず付けてください。なお，von ... an は，過去のことでも使えます。Von Jugend an musste er schwer arbeiten.「若い頃から彼はつらい仕事をしなければならなかった」。

　動詞によっては，状態とも行為とも取れるものがあります。たとえば，「４月から私はボン大学で勉強します」はどうでしょう。Ab April studiere ich an der Universität Bonn. になります。studieren は，Student sein「学生である」ということですから，この場合はむしろ状態を表わしていると考えられます。しかし，Ich habe Physik studiert.「私は物理を専攻した」は行為ですね。動詞の表わす時間的幅（アスペクト）を常に考えましょう。

2. 夏休みに私たち学生は研修旅行に行きました。3 時間半バスに乗りました。
私たちのひとりがそのバスを運転しました。

→In den Sommerferien sind wir Studenten auf Exkursion gegangen.
Wir sind dreieinhalb Stunden mit dem Bus gefahren. Einer von uns
hat den Bus gefahren.

　ドイツ語では過去を表わすときに過去形と現在完了形の両方を使うことができます。過去形は「物語の時制」とよく呼ばれることが示すように，出来事から距離を置いて客観的に叙述するときに使われ，現在完了形は，語り手が自分の視点から出来事を報告するときに使われる傾向があります。問題文は，自分の夏休みの体験について語っています。それで，現在完了形を使うのが自然です。もちろん，後に報告書として夏の行動を記録し，提出するということなら過去形もあり得ます。

　「研修旅行に行く」は，auf Exkursion gehen を使いました。e Exkursion は「遠足」と訳されることも多いのですが，学術的な目的のためにする旅行を言います。eine Exkursion machen とも言います。日帰りでも泊まりでも両方指します。「調査旅行」や「ゼミ合宿」もこれに含まれます。海外の学会などに参加すると，期間中の 1 日，もしくは，最終日が Exkursion となっていることが多くあります。私の経験だと，学術的なことをした試しはありません。これは格好つけて Exkursion と呼んでいるだけでしょう。

　これに対し，r Ausflug「遠足」は，ふつう楽しみや休養のために面白い場所に行ったり，ハイキングをすることを指します。einen Ausflug machen / unternehmen と言うのがふつうで auf Ausflug gehen はあまり使いません。なお，日本語で「遠足」というと日帰りしか指さないように聞こえますが，Ausflug は泊まりがけもあります。このときは「小旅行」と訳すのがいいかもしれません。

Wir haben einen dreitägigen Ausflug nach Berlin unternommen.
私たちはベルリンに 3 日間の小旅行をしました。

　さて，「バスに乗った」と「バスを運転した」はどちらも fahren を使いま

すが，前者は mit dem Bus fahren で移動を表わす自動詞ですから，sein 支
配になります。それに対し，後者は den Bus fahren と目的語を持つ他動詞
ですから haben 支配になります。この使い分けは大丈夫ですね。fliegen で
も同じです。

Sie ist vorgestern nach Deutschland geflogen.
彼女は一昨日飛行機でドイツに行った。

Er hat zum ersten Mal den Hubschrauber geflogen.
彼は初めてそのヘリコプターを操縦した。

この「他動詞」の「目的語」ということですが，「距離」の場合は目的語
扱いにならず，fahren や fliegen は sein 支配になります。自分が運転した場
合もそうなので注意してください。また，ちょっとややこしいのですが，
das Auto fahren「その車を運転した」はもちろん他動詞で haben 支配ですが，
Auto fahren「車を運転する」は sein 支配です。Ski fahren/laufen「スキーを
する」，Schlittschuh laufen「スケートをする」と同様に，分離動詞のように
なっていると考えてください。

Er ist 20.000 Kilometer gefahren/geflogen.　　彼は２万キロ走った／飛んだ。

Ich bin noch nie betrunken Auto gefahren.
私は今まで一度も酔っ払い運転をしたことはありません。

Wir sind im Februar in den Alpen Ski gefahren.
私たちは２月にアルプスでスキーをしました。

Früher sind wir oft auf dem Teich Schlittschuh gelaufen.
以前，私たちはよく池でスケートをしました。

最後の例文に関してですが，ドイツでは冬になって池が凍ると多くの人が
スケート靴を持ってスケートをしに出かけます。Auf eigene Gefahr「自己責
任で」と池に看板が立っているだけで，管理人のような人はいませんし，入
場料も取られません。ただの池ですから。こういうところが日本と違うなぁ
とつくづく思います。

3. 彼は昨夜よく眠れなかったので，今朝はとても機嫌が悪かった。

→Nachdem er die Nacht zuvor schlecht geschlafen hatte, war er heute Morgen sehr schlecht gelaunt.

「昨夜よく眠れなかった」と「今朝はとても機嫌が悪かった」は両方とも過去の事柄ですが，前者は後者のさらに前に位置します。nachdem「...の後で」から始まる副文の中では基本的に完了形が用いられ，主文の時制より1つ前になります。つまり，主文が現在形ならばnachdemの副文は現在完了形，問題文のように主文が過去形または現在完了形ならばnachdemの副文は過去完了形です。「Aをした後で，Bをする／した」と言う場合，Aの方が時間的にBより前に行なわれているからです。

Nachdem ich dieses Buch von Thomas Mann gelesen habe, lese ich ein Buch von Kafka. このトーマス・マンの本を読んだ後で，私はカフカの本を読みます。
Nachdem ich gegessen hatte, legte ich mich eine Weile hin.
食事をした後で，私は少し横になった。

なお，上の例でわかるように，nachdemの副文とそれに対応する主文が表わす出来事は，過去の事柄か，これから起こる事柄のどちらかです。過去の出来事を起点として，現在まで続く出来事を表わすのならば，seitdemが使われます。

Seitdem sie geheiratet hat, lässt sie sich nur noch selten hier blicken.
彼女は結婚してからというもの，ほとんどここには姿を見せない。

さて，解答文ではnachdemを使っていますが，もちろんweilを使うこともできます。これでも時制は変わらず，過去完了形を使います。weilでは理由が強調され，nachdemは出来事の推移が強調されますが，交換可能なことがよくあります。

Weil er die Nacht zuvor schlecht geschlafen hatte, war er heute Morgen sehr schlecht gelaunt.

「よく眠れなかった」の部分は，schlecht schlafen を過去完了形で使うと
上手に表現できます。ドイツ語の発想としては，事実として「悪く眠った」
ということだからです。また können も使えます。そのとき，Weil er die
Nacht zuvor nicht gut schlafen konnte, war er .... schlecht gelaunt. と言うの
は，本当は時制が間違っています。weil を使っても主文より時制が 1 つ前で
あることは変わらないのに，両方過去形になっているからです。ただ，多く
のドイツ人はこの文を聞いても別におかしいと思わないようなので，これで
もいいのかもしれません。正しい時制で言うと，Weil er die Nacht zuvor
nicht gut hatte schlafen können, ... となります。文法の復習ですが，話法の
助動詞の完了形が使われる文を副文にしたときは，haben が「本動詞＋助動
詞」のかたまりの前に置かれるのはいいですね。不定詞が連続するときはそ
の前に haben が来るのです。

Ich weiß, dass er es heute hat machen müssen.
私は彼がそれを今日しなければならなかったことを知っている。

Ich weiß nicht, was ich anders hätte machen sollen.
私は何を違うようにするべきだったのかわからない。

なお，解答文では，「昨夜」を die Nacht zuvor としました。「前の晩」と
いうことで，誤解の余地がないからです。というのも「昨夜」は，gestern
Nacht ではなく，heute Nacht と言う人の方が多いからです

Ich habe heute Nacht schlecht geschlafen.　　私は昨夜よく眠れなかった。

gestern Abend の後，就寝すると heute Nacht になるのです。ただし，こ
の点に関してはドイツ人の中でも語感に揺れがあるようで，gestern Nacht
を，昨日から今日の夜にかけての夜（つまり heute Nacht）の意味で使う人も
いるようです。しかし，Heute Nacht war es so kalt, dass der See zugefroren
ist. という辞書の例文は，もちろん「昨夜は非常に寒かったので，湖が凍った」
ですね。「今夜」と訳すと日本語では意味不明になります。

4. 私がちょうどオフィスから出ようとしたとき，ひとりの男性が飛び込んで
　きた。

→Als ich gerade das Büro verlassen wollte, ist ein Mann hereingestürzt.

　ポイントは「出ようとしたとき」の訳し方です。これを Als ich gerade das
Büro verlassen habe / verließ, ... とすると，「私」はすでにオフィスを出てし
まっていることになります。「オフィスを出た瞬間に」ということですね。
ここでは，まだオフィスにいるのですから，これでは意味が違ってきます。
ややこしいのですが，これが現在形なら，オフィスを出ようとしているとき
にも使えます。たとえば，誰かから電話が掛かってきて，今，どこにいるの
だと聞かれたときは，Ich verlasse gerade das Büro. と言えます。das Büro
verlassen は,「オフィスを出る」という完結した動作を表わします。「完了相」
の動詞です。それが現在形で使われると未来の意味が出てくるからよいので
すが，過去で使うと当然完了したことを表わします。この点が，sein など状
態を表わす動詞や lesen など「継続相」の動詞と違うところです。これらの
動詞なら，過去形や現在完了形をそのまま使えばいいわけです。

　　Als ich gerade im Büro war, ...　ちょうど私がオフィスにいたときに ...
　　Als ich gerade das Buch gelesen habe, ...
　　ちょうど私がその本を読んでいるときに，...

　これに対して，das Büro verlassen など「完了相」の動詞の場合は，解答
に挙げたように，wollen の過去形の wollte を使って，「... しようとしたとき」
の意味を出します。

　　Als ich losfahren wollte, ging der Motor aus.
　　出発しようとしたときにエンジンが切れてしまった。

　　Als sie aufstehen wollte, reagierten ihre Muskeln nicht.
　　彼女が起きようとしたとき，筋肉が反応しなかった。

　なお，言わずもがなかもしれませんが，現在の意志を表わすには wollen
と möchte の 2 つがありますが，過去は wollte だけです。Ich möchte Kaffee

trinken.「私はコーヒーが飲みたい」という文を過去形にしろと言われたら，
Ich wollte Kaffee trinken. としか言えません。möchte は mögen の接続法第
2 式の形ですからね。過去形というものはないわけです。

　さて，「... しようとした」を表わすのに versuchen を使うこともあります。

Als ich versuchte, das Problem zu lösen, wurde mir schwindelig.
その問題を解こうとしたとき，眩暈がしてきた。

versuchen は「試みる」とよく訳されますが，それほど労力を使わなくて
もできることにも使われます。とはいえ，「オフィスを出る」程度のことに
使うとやはり大げさになるので，問題文の場合は wollte を使う方がいいで
しょう。

　hereinstürzen は「飛び込んでくる」という移動の動詞なので sein 支配です。
stürzen は「倒れる」だけでなく急な動きも表わしますが，そこに herein- が
付いています。これは hinein- では視点がおかしくなります。herein は her +
ein でできています。her は話者の方に向かっての動き，hin は話者から離れ
ての動きです。ein はあるものの内部への動き，aus は外部への動きです。
ですから，her/hin と ein/aus で 4 つのパターンがあるわけです。問題文の
ケースは，その男性は自分の方へ向かってくるので her で，かつ，部屋の中
への動きなので ein が使われるわけです。hinein は「自分から離れて，ある
物の中へ」，heraus は「自分に向かって，ある物の中から外へ」，hinaus は「自
分から離れて，ある物の外へ」の動きです。

Gehen Sie in das Zimmer hinein.
その部屋に入っていきなさい。（話者は部屋の外）

Kommen Sie aus dem Zimmer heraus.
部屋から（私の方へ）出てきなさい。（話者は部屋の外）

Gehen Sie aus dem Zimmer hinaus.
部屋から出て行きなさい。（話者は部屋の中）

この視点と動きの組み合わせはとても大事です。

ポイント！

❀話法の助動詞は，話者が事態をどう捉えているかを表わす。

❀müssenは必然性，sollenは主語以外の意志，wollenは主語の意志，können
は可能性，dürfenは許可を表わす。

　Deutsch lernen「ドイツ語を勉強する」という事柄に，話法の助動詞を付
け加えるとさまざまなニュアンスが出せます。Ich muss Deutsch lernen.「私
はドイツ語を勉強しなければならない」と言うのと，wollen を付けて Ich
will Deutsch lernen.「私はドイツ語を勉強したい」と言うでは大違いです
ね。

　müssen は「必然性」を表わします。ある家庭に招待されていて，「そろそ
ろおいとまします」は Ich muss langsam gehen. と言います。これによって，
「私はもっといたいのだけれど，状況がそれを許さない」というニュアンス
が加わって，丁寧な表現になるのです。これを Ich will langsam gehen. と言
うと，「もうここにはいたくない」ということを意味してしまって，非常に
失礼です。

　sollen は「… すべきだ」と訳されることが多いのですが，これには注意が
必要です。正確に言うと，sollen は「主語以外の意志」を表わすのです。まず，
次の例を見てみましょう。たとえば，Ich soll ihr ein Buch schenken. は，「彼
女に本をプレゼントする」ことを，主語である ich 以外の誰か（何か）が望
んでいるということです。それが，具体的に誰・何を指しているかは文法的
には決められず，いつも状況から判断することになります。「彼女」の意志
なら，「彼女は私に本をプレゼントしてもらいたがっている」ということに
なりますし，私は彼女以外の誰かに頼まれて「彼女」に本をプレゼントしな
ければならないのかもしれません。また，Man soll zu älteren Leuten immer
höflich sein.「年長者にはいつも礼儀正しくするべきだ／ものだ」のような
一般論では，「すべきだ」と訳すのがよいケースもあります。

　ごく大ざっぱに言って，können は可能性，dürfen は許可を表わすのです
が，実例を多く考えてその意味を理解していきましょう。

ドイツ語の文にしてみよう! 🖎

1. ドイツのアウトバーンのいくつかの区間では 300 キロのスピードで走る
ことができる。

検討語句 / e Autobahn, e Strecke, e Geschwindigkeit, Kilo, können, dürfen

2. 君のお父さんが電話してきたよ。折り返し電話してくれって。

検討語句 / anrufen, zurückrufen, wollen, sollen, dürfen

3. 状況の改善のために我々は対策を講じるべきだ。

検討語句 / e Lage, e Besserung, e Maßnahme, machen, ergreifen, sollen,
sollte, müssen, wollen, dürfen

4. 輸出は世界的な景気の落ち込みでほとんど増加しないだろう。

検討語句 / r Export, nachlassend, e Weltkonjunktur, zunehmen, müssen,
dürfen, können

1. ドイツのアウトバーンのいくつかの区間では 300 キロのスピードで走ることができる。

→Auf einigen Strecken der Autobahn in Deutschland darf man mit einer Geschwindigkeit von 300 Kilometern fahren.

　「走ることができる」ということで，können を使った人が多いのではないでしょうか。ここではそれは間違いです。非常に危険なことを表わすことになるからです。können の意味の中心は「可能性」です。ですから，ドイツのアウトバーンだけではなく，日本の高速道路でもポルシェで走れば 300 キロは出せるのです。ですから，Auf der Autobahn in Japan kann man mit einer Geschwindigkeit von 300 Kilometern fahren. です。ただ，そんなことをしてよいはずがありません。つまり，この問題文の「できる」は「しても問題ない」，「許されている」ということで，これを表わすのが dürfen なのです。機械的に「...してもよい」という訳語で覚えていると違和感があるかもしれません。

　確かに，dürfen は基本的には「許可」を表わします。子どもが親に何かをしてもいいかと尋ねるときなどはそうですね。

Darf ich heute Abend mit Freunden ins Kino gehen?
今晩，友達と映画に行ってもいい？

　しかし，「あることをするのに十分な理由がある」という意味でも dürfen はよく使われます。これも「許可」といえばそうですが，ある特定の人間から与えられたものではありません。

Du darfst auf deinen Sohn stolz sein.
息子さんのことは十分自慢できるよ。

Wir dürfen mit einer Einnahme von 2 Millionen Euro rechnen.
私たちは 200 万ユーロの収入を見込んでもよい。

　「300 キロのスピードで」は，mit einer Geschwindigkeit von 300 Kilometern と言います。このように速度，高さ，幅などの一定の量を表わすときは，そ

れを表わす名詞に不定冠詞を付けるのがふつうです。

eine Höhe von 100 Metern　　100 メートルの高さ

eine Breite von 2 Zentimetern　2 センチの幅

　メートルは *r* Meter ですから，von の後が 1 メートルならば，von einem Meter となりますよ。複数では，複数 3 格の -n が付いて von zwei Metern となります。

　なお，ここの「300 キロ」は時速ですから，...von 300 Kilometern pro Stunde と言うのが正しいのですが，pro Stunde は省略されることも多いのです。日本語と同じですね。ただ，日本語と違い 300 Kilo とは言いません。検討語句のところにわざと Kilo と書いておいたので，間違えて書いた人もいるかもしれません。すみません，意地悪で。ドイツ語で Kilo は Kilogramm「キログラム」の略であって，Kilometer を Kilo と言うことは絶対にありません。

　Geschwindigkeit の代わりに *s* Tempo もよく使われます。日本語でも「テンポ」と言いますが，ドイツ語の口語表現ではとくに，「制限速度」を指します。

Hier gilt Tempo 30.　ここは制限速度 30 キロだ。

In Japan darf man sogar auf der Autobahn maximal Tempo 100 fahren.
日本では高速道路上でさえ最高速度 100 キロでしか走れない。

　さて，問題文では「300 キロの速度で」という表現を使いたかったのでそう書いてありますが，実際は無制限ということですね。ですから，Auf einigen Strecken der Autobahn in Deutschland darf man unbegrenzt schnell fahren. ということです。ただ，最近は安全性や環境保護を考えて，制限速度区間が増えてきました。それでもだいたい 130 キロの制限です。都市と都市の間の国道は 100 キロの制限が多く，街なかは状況に応じていろいろですがいずれも日本よりは全般的に速度制限は高めに設定されています。しかし逆にその分，制限速度はきちんと守られています。日本の首都高のように 60 キロ制限のところをみんな 80 キロ以上で走っているなんてことはドイツでは考えられません。

2. 君のお父さんが電話してきたよ。折り返し電話してくれって。

→Dein Vater hat dich angerufen. Du sollst (ihn) zurückrufen.

前半では anrufen を使います。mit j^3 telefonieren は「人³ と電話で話す」を意味しますから，後半の文とは適合しません。anrufen はこれに対して，「人⁴ に電話をかける」という意味で必ずしもその人と話したことは含まれません。言わずもがなですが，anrufen の目的語は4格ですよ。日本語につられて*Dein Vater hat dir angerufen. としがちですので注意してください。まぁしかし，スイスなどの方言では3格で言うこともあるそうですから目くじらを立てなくてもいいかもしれませんが，標準ドイツ語ではやはり間違いと言っていいでしょう。なお，電話をかける相手が人間ではなく，機関である場合は，場所として表わすこともよくあります。また，自宅に電話する場合，2通りの言い方があります。

bei der Polizei / bei der Bank anrufen	警察／銀行に電話する
auf der Arbeitsstelle anrufen	職場に電話する
zu Hause / nach Hause anrufen	自宅に電話する

anrufen する先はふつう方向ではなく静止した場所として捉えられます。それで*zu der Polizei anrufen ではなく，bei der Polizei anrufen というわけです。家の場合だけ，nach Hause anrufen とも言います。まぁ，こちらの方が日本語の感覚からはわかりやすいですが。なお，逆に言うと，自分が家にいてそこから電話するという意味で zu Hause anrufen とは言いません。それは，von zu Hause aus anrufen と言います。

さて，問題は後半の文。お父さんの発言を引用しているわけですから，Er hat gesagt, dass er möchte, dass du (ihn) zurückrufst. と書いた人もいるかもしれません。これでも文法的に間違ってはいませんが，くどいですね。こういうときにドイツ語では便利な言葉があります。それが sollen です。「主語以外の人の主語に対する意志」を表わします。この場合は，「君のお父さん」が，「君が折り返し電話をすること」を望んでいるのですから，Du sollst (ihn) zurückrufen. と実にシンプルに表現できるのです。なお，Er hat gesagt, du sollst (ihn) zurückrufen. と言ってもいいですが，er hat gesagt とわざわざ言わなくても sollen からわかります。なお，目的語の ihn はあってもなくてもどちらでも構いません。家庭や友人間では省略する方が自然であるようです。それに対して，オフィスで仕事関係の用件の場合は省略しない方がふつうだというのが私が尋ねた複数のドイツ人の意見でした。

　また，このシチュエーションでは，発言者である「私」は，「君のお父さん」から伝言を頼まれているわけです。このようなとき，j^3 et^4 ausrichten「（ある人から依頼を受けて）人^3 に事^4 を伝える」を使うことができます。「私は君が折り返し電話をするように伝えるように頼まれている」のですから，もうわかりましたね。また sollen を使えばいいのです。

Ich soll dir ausrichten, dass du (ihn) zurückrufen sollst.

　両方の sollen とも「君のお父さん」の意志を表わしているのです。前者は ich に対して，後者は du に対してです。このように sollen を使うと，誰がそれを望んでいるかを示さなくていいので，使いこなせると便利です。つまり，A will, dass B ... となり，なんらかの理由でAを示したくないときに，B soll ... という文ができるわけです。

Wir wollen eine neue Webseite haben. Sie soll zu unserem Firmenkonzept passen.
私たちは新しいウェブサイトがほしいのです。それは我が社のコンセプトに合致してほしいのです。

Nächstes Jahr sollen die Steuern erhöht werden.
来年，税金が引き上げられることになっている。

　上の文で，コンセプトに合致することを望んでいるのは wir でしょうが，前の文で wir wollen と言っているので，もう1度同じ文を繰り返すのはくどいわけです。下の文で，税金は勝手に上がるのではなく，誰かが上げようとしているのですが，それを sollen を使うことによって，表に出ないようにしています。日本語ではよく「主体を明らかにしない」と言われますが，ドイツ語でもこのような手段はあるわけですね。

3. 状況の改善のために我々は対策を講じるべきだ。

→Zur Besserung der Lage sollten/müssen wir eine Maßnahme ergreifen.

　日本語文で「... すべきだ」とあるので反射的に sollen を使った人が多いのではないでしょうか。すでに勉強したように sollen は「（主語以外の人の）主語に対する意志」を表わします。その「主語以外の人」がたまたま「世間一般の人」である場合，つまり，世間の常識やモラルと言ったものを表わす場合にのみ，日本語の訳語として「... すべきだ」が当てはまるのです。

　このことが課題文で当てはまるか考えてみます。「我々が対策を講ずるべき」というのは，世間一般の人の意見ではなく，「我々」の一員である「私」の意見でしょう。つまり主語には自分も含まれているので，外部の人の意志を表わす sollen を使うとおかしいことになります。前の問題で出てきた Nächstes Jahr sollen die Steuern erhöht werden.「来年，税金が引き上げられることになっている」の場合と違うことがわかりますね。この場合の主語は「税金」です。「税金」が意志を持つわけでなく，誰か（たとえば国会議員）が引き上げようとしているわけです。それに比べて，この問題では wir が主語です。「私たち」に対して誰かが対策を講じろと求めているのではなく，自発的にそうしようと考えているわけです。

　ここでは，接続法第2式である sollte を使います。これは「... する方がよいだろう」とどちらかと言うと控えめに提案や助言を行なうときに使われます。少なくとも強制しているわけではありません。

Du solltest ihn nicht immer ärgern.
彼を怒らせてばかりいない方がいいよ。

Sie sollten rechtzeitig vor dem Abflug am Flughafen sein (empfohlen sind 2 Stunden).
出発前十分時間の余裕を持って空港にいらしてください（2時間をおすすめします）。

sollte は英語の should の使われ方とかなり似ています。「絶対に ... しろ」ではなく，「できなければ仕方がないが，できれば ... したらどうでしょう」

という感じです。空港に十分余裕を持って来た方がよいという下の文は，飛行機のチケットと一緒にもらう案内文に必ずといってよいほど書いてあります。このとき müssen は強すぎます。そこまで言い切る権限は誰にもないからでしょう。

　日本語の「...すべき」による提案は強いのか弱いのかわかりにくいですが，もし「絶対...」という気持ちが込められているのならば，müssen を使います。「必然性」，「必要性」を表わすからです。ですから，問題文でも可能です。対策を講じるしか他に手立てはないという場合なら，こう言うわけです。

Sie müssen dieses Buch unbedingt lesen.
あなたはこの本を絶対読むべきです。

Ich muss jeden Tag zwei Stunden zur Arbeit fahren.
私は毎日2時間通勤にかかる。

Die Kartoffeln müssen 20 Minuten kochen.
ジャガイモは 20 分ゆでないといけない。

「この本を絶対読むべきだ」と強調する以上 müssen がぴったり来るわけですが，それでも sollten と言えなくもありません。通勤時間はどうやっても短くはならないでしょうから müssen です。最後のジャガイモの例ですが，ここに sollten は使えませんね。レシピに「20 分ゆでた方がいいですよ」と書いてあったら，いったい何が言いたいのだろうと思ってしまいます。

　なお，zur Besserung der Lage は，um die Lage zu bessern と「um ... zu 不定句」で言うこともできます。ここではドイツ語でよく使われる名詞化で表わしました。また，*e* Maßnahme「対策」は，ergreifen するものです。他に durchführen, treffen, einleiten も使えますが，machen は使いません。日本語でも「対策」は「講じる」と言うように，決まった組み合わせというものがあります。解答文では eine Maßnahme ergreifen としましたが，このように単数形を使えば「何か一つぐらいは対策を」と言っていることになります。対策は複数必要なことが多いですから，Maßnahmen ergreifen と複数形にすることも十分考えられます。

4. 輸出は世界的な景気の落ち込みでほとんど増加しないだろう。

→Der Export dürfte bei nachlassender Weltkonjunktur kaum mehr
zunehmen.

「だろう」という推測をどう訳すかの問題です。推測は，話法の助動詞で
も副詞でも表わすことができます。その組み合わせもあり得ます。重要なの
は，それらがどのくらいの確率を表わすのかをきちんと覚えておくことです。
ここでは話法の助動詞を使う場合を見ていきます

　一番確率が高い場合，つまり，「絶対だ」と確信している場合は，müssen
を使います。「… に違いない」を表わします。

Er muss der Täter sein.	彼が犯人に違いない。
Hier muss jemand gewesen sein.	ここに誰かがいたに違いない。

　このように話者の主観的な推測を表わす場合を「主観用法」と言います。
それに対して，Ich muss am Sonntag arbeiten.「私は日曜日に働かなければ
ならない」のように客観的な必要性などを表わす用法を「客観用法」と言い
ます。主観用法と客観用法は過去の事柄を表わすときに違いがでてきます。
客観用法では話法の助動詞自体が過去形になります。Ich musste am
Sonntag arbeiten.「私は日曜日に働かなければならなかった」ですね。それ
に対して，主観用法では上の Hier muss jemand gewesen sein. のように話法
の助動詞は現在形（muss）で，それが完了不定詞（gewesen sein）と結びつ
きます。主観的な判断を下しているのはあくまでも現在だからです。

　次に，können と nur の組み合わせ，または，können を否定で使うこと
でも確信は表わせます。

Nur er kann der Täter sein.	彼のみが犯人であり得る。
Kein anderer kann der Täter sein.	他の誰も犯人たり得ない。

　話法の助動詞を使わずに「確信」を表わすには，Es ist absolut sicher, dass
er der Täter ist.「彼が犯人であるのはほぼ確実だ」や，Ohne Zweifel ist er
der Täter.「疑いなく彼が犯人である」のように言います。

次に，「ほぼ確実」は，müssen の接続法第 2 式の müsste を使います。

Er müsste schon zu Hause sein.　彼はもう家にいるはずだ。

Sie müsste es eigentlich gehört haben.　彼女はそれを聞いているはずだ。

これは，Ich bin (mir) fast sicher, dass er zu Hause ist. のように言うことも できます。

さて，「だろう」というのは，「ほぼ確実」よりは可能性は落ちますが，そ れでもかなり起こりうることに使いますね。60 ～ 70 パーセントぐらいでし ょうか。そのときに使うのが，dürfte です。ふつう話法の助動詞は，直説法 と接続法第 2 式の両方が推量や可能性を表わす主観用法に使われます。Er muss/müsste im Büro sein.「彼はオフィスにいるに違いない／いるはずだ」。 直説法を使った方がより高い確率を表わします。しかし，dürfen だけは， 接続法第 2 式のみが主観用法に使われます。副詞だと wahrscheinlich「たぶ ん」，動詞を使えば，Ich nehme an, dass ....「私は ... と思っている」と言う のと同じぐらいです。

Das dürfte nicht schwer sein.　それは難しくないだろう。

Es dürfte bald regnen.　まもなく雨が降るだろう。

問題文ではこの dürfte を使うのが最もよいでしょう。Der Export nimmt wahrscheinlich ... kaum mehr zu. も悪くありませんが，dürfte によって自分 の予測を用心深く表現することが可能になります。

これより可能性が低くなって 50 パーセントぐらいになると können や mögen が使われるようになります。

Das Paket kann verloren gegangen sein.
その小包は失くなってしまったのかもしれない。

Was mag das bedeuten?　それはどんな意味を持ちうるだろうか？

話法の助動詞の主観用法で適切な推量を表わせるようにしておいてくださ い。

コラム

検定試験に革命を起こすか？　C-Test の話

　簡単な筆記テストで，読む，書く，聞く，話すの4技能を含む言語の総合能力が測定できる。これがC-Testと呼ばれる新しいタイプの試験で，現在，実用化が進んでいます。私の教え子の一人が，このC-Testの研究をしており，最近ドイツで修士論文を書きました（Yuki Asano：Misst ein C-Test das, was er messen soll? Konstruktdefinition als Basis für die Validierung von C-Tests.: Uni Bochum.）。以下はその浅野さんから教えてもらったことです。まずは，彼女が作成し，提供してくれたC-Testをやってみてください。次のテクストの空欄部分を補ってください。

Bin ich glücklich?

　Es gibt in unserer Firma verschiedene Abteilungen mit mehreren Mitarbeitern. Ich b＿＿＿ für die Finanzabteilung verantw＿＿＿, seitdem ha＿＿ ich im＿＿ viel z＿＿ viel Arb＿＿. Ich sch＿＿ es n＿＿, das Bü＿＿ vor ze＿＿ Uhr abe＿＿ zu verl＿＿. Ich ge＿＿ mir gr＿＿ Mühe, al＿＿ ganz per＿＿ zu mac＿＿, es gi＿＿ jedoch niem＿＿, der das anerkennt. Eigentlich will ich meinen Beruf gar nicht mehr ausüben.

　いかがでしょうか。一種の（というか完全に）穴埋め問題です。いくつか基本的な約束事があります。最初の文は空欄を作らず，2番目の文の2つ目の単語から穴埋めテクストになります。空欄は厳密に1つおきの単語に施します。しかも，単語の後ろ半分を取ります。これが非常に大切な点で，2つおきにしたりとか，この単語は簡単すぎるから空欄にするのはやめておこう，とか絶対に思ってはいけないそうです。1回のテストは，テーマが偏らないように選択した複数のテクスト（だいたい4～8個）から成り立っており，時間を決めて受験者に解かせます。

　このC-Testは，「妥当性（Validität）」と「信頼性（Reliabilität）」の両方とも非常に高いとされています。妥当性というのは，作成した試験が計ろうし

ている能力に合致しているかということです。信頼性というのは，その試験が対象とする能力を正しく測定するかどうかです。

　さて，C-Test が測っているのは「一般的言語能力（allgemeine Sprachkompetenz）」とされていますが，その内容はよくわかっていないのです。わかっていないけれど，このテストが機能してしまうところが不思議です。同じ受験者について C-Test で得た点数と，話す・聞く・読む・書くの４技能を測る他の検定試験で得た点数を比べると，どれも高い相関関係があるというのが驚きです。少なくとも信頼性は抜群らしいのです。

　ふつうに考えれば，筆記試験で話す能力や聞く能力が測れるとは思えません。しかし，私もこの試験をやってみてわかったのは，文を読んでいる際に，常に次に来ると思われる語句を予測しているということです。予測が外れたら，空欄に入りうる語を頭の中で高速検索します。しかも，それは文字という視覚情報ではなく，音声情報で探しているのです。単語というのは音でインプットされているのですね。これができるということは，確かに話せるということになるのでしょう。

　しかし，やはり「一般的言語能力」というのはよくわかりません。威張るわけではありませんが，ある C-Test で，私の方がドイツ人学生よりも高い点数がとれました。しかし，だからと言って私の方がドイツ語ができるということにはなりません。母語話者の場合は，一般知識で解くからです。私の方が年をとっている分,物をよく知っているにすぎないというわけです。「だったら，外国人の場合も，一般知識がある方が得じゃないか？」と聞きたくなるわけですが，外国人の場合はその一般知識をドイツ語で持っているということが「ドイツ語の一般能力」になるらしいのです。

　とにかく C-Test が本当に有効なら，独検なんか C-Test だけで足りるわけです。なお，もっと知りたい人は，http://www.c-test.de/deutsch/index.php を見てください。

解答：bin, verantwortlich, habe, immer, zu, Arbeit, schaffe, nie, Büro, zehn, abends, verlassen, gebe, große, alles, perfekt, machen, gibt, niemanden

ポイント！

✤法とは話者が事柄をどう伝えるかによって異なる動詞の活用の体系

✤接続法第1式はおもに間接話法に，接続法第2式は非現実話法に用いられる。

　ドイツ語の動詞は，話者が事柄をどのように伝えるかによって，3つの異なった活用の仕方をします。これを「法」と呼び，直説法，命令法，接続法があります。直説法は，基本的な動詞の形で，事柄を「真実である」として提示します。たとえば，ペーターが病気ではないと知っているのにもかかわらず，ある人が Peter ist krank. と言えば，その人は嘘をついていることになります。それに対して，Peter sagt, er sei krank.「ペーターは，自分が病気だと言っている」と言えば，話者はペーターの発言の中身に対して「中立」で，それが正しいとも正しくないとも言っていません。

　接続法とは，事柄が単に述べられたこと（間接話法），あるいは想定されたこと（非現実話法）として提示する場合に使われます。第1式と第2式があり，第1式は不定詞に ich -e, du -est, er -e, wir -en, ihr -et, sie -en の語尾を付けて作られます。第2式は，規則動詞では直説法過去形と同形（lernen「学ぶ」：過去 lernte →接2式 lernte）で，不規則動詞では過去基本形の幹母音を（可能なら）ウムラウトさせて，-e を付けたもの（kommen「来る」：過去 kam →接2式 käme）になります。

　接続法と直説法の時制のシステムは違います。接続法で基準になる時点より前のことを表わすには，「過去分詞＋haben/sein の接続法」を用います。つまり，完了形でしか表わしません。基準になる時点より後のことは，接続法を単独で用いるか，不定詞＋würde を使います。これは直説法と同じ感覚です。接続法第2式の完了形と話法の助動詞の組み合わせも多くあります。Das hätte ich machen sollen.「それを私はするべきだった（のにしなかった）」。話法の助動詞の過去分詞は不定形と同じです。

　命令法は，文字通り相手に向かって，あることを命令したり，依頼したりするときの動詞の形です。形を確認しておきましょう。

ドイツ語の文にしてみよう！ ✍

1. もっとドイツ語ができるようになると，ドイツ人との会話ももっと楽しいでしょう。

〔検討語句〕 s Gespräch, lustig, Spaß machen, wenn, können, werden

2. その問題は，この短い会議で話し合うには複雑すぎる。

〔検討語句〕 komplex, besprechen, als dass, so dass, um ... zu...

3. コーヒーを飲みたい方は，どうぞご自由にお飲みください。

〔検討語句〕 wer, *sich* bedienen, wollen, sollen

4. え，なんですって？　今日来られないの？　もっと早く言ってくれればよかったのに。そうしたら私は他の用事を入れられたのに。

〔検討語句〕 noch früher, vornehmen, sollen, können

1. もっとドイツ語ができるようになると，ドイツ人との会話ももっと楽しいでしょう。

→Wenn ich mehr Deutsch kann, werden mir Gespräche mit Deutschen mehr Spaß machen.

　現在できないことができるようになるのは何であれ楽しいことですが，それを表わすときに，接続法第2式を使うと楽しくなくなることが多いものです。なぜだか，問題文に即して考えてみましょう。

Wenn ich mehr Deutsch könnte, würden mir Gespräche mit Deutschen mehr Spaß machen.

　接続法第2式は「非現実」のことを表わすのでしたね。ですから，このように言うと，「ドイツ語ができる」ことは現実には決して起こりえない仮定の話になります。「ドイツ語なんかできるようには決してならないけれど，もし仮にそうなったら楽しいだろうなぁ」ということですからね。この本を読んでいる皆さんはそんな寂しいことを言わないでください。

　wen の副文で直説法を使うと「条件」を表わします。これは特にその事柄が起こる可能性の程度は問題としていません。

Wenn es morgen regnet, wird der Ausflug verschoben.
明日雨が降れば，遠足は延期されます。

　wenn はさらに「条件」というよりは単なる未来の一時点を表わすと考えた方がよい場合も多くあります。Sag mir Bescheid, wenn du fertig bist!「終わったら，教えてくれ」というような場合ですね。ここで重要なことは，条件であれ一時点であれ，未来形の werden は使われないということです。*wenn du fertig sein wirst はあり得ないのです。未来の事柄でも直説法現在で表わします。これに対して，未来に起こりうることでも可能性は低いと仮定して何かを言うならば，würde を使うことはできます。

Was würdest du machen, wenn er dich verlassen würde?
彼が君を捨てるとしたら，どうする？

　たとえ，よく事情を知っていて「彼はこの彼女を捨てるかもしれない」と心の中で思っていたとしても，こういう場合は würde を使っておいた方が安全です。少なくとも私の経験上では。

　ただし，würde を仮定を表わす副文中で使うのは話し言葉的です。この場合には，話し言葉でも書き言葉でも sollte がよく使われます。..., wenn er dich verlassen sollte? となります。やはり接続法第 2 式です。

　この sollte は，可能性は非常に低いとは思うが，理論上はあり得ることを表わします。組み合わせで wenn の代わりに falls もよく使われます。また，この wenn/falls を省略して，sollte から始めることもできます。

Falls es regnen sollte, bleiben wir zu Hause.
= Sollte es regnen, bleiben wir zu Hause.
もし仮に雨が降ったら，家にいよう。

　さて，「ドイツ語ができるようになると」の「なる」という変化を表わしたいと思った人もいると思いますが，ドイツ語ではこういう発想はしません。wenn の副文の中で未来を表わす werden は使われないことはすでに説明しました。主文では werden を他の話法の助動詞と組み合わせて使うこともできなくはありません。

Ich werde in zwei Jahren Deutsch sprechen können.
私は 2 年後はドイツ語を話せるようになっているでしょう。

　ただ，これは変化を表わしているのではなく未来の事柄に対する推量です。当然ながら「話せるようになりました」と過去形で言いたくても *Ich wurde Deutsch sprechen können. などとは絶対に言えません。

　なお，「楽しい」ということで，??Wenn ich mehr Deutsch sprechen kann, werden Gespräche mit Deutschen lustiger. と言うのは奇妙です。lustig というのは，ある物の性質として「笑いを誘う」ということです。もしこのような構造の文で言いたければ，ここでふさわしい形容詞は angenehm か unterhaltsam です。

2. その問題は，この短い会議で話し合うには複雑すぎる。

→Das Problem ist zu komplex, als dass wir es auf dieser kurzen Sitzung besprechen könnten.

　「... するには ... すぎる」ということを表わすには，「zu＋形容詞，als dass ... 接続法第2式」という構文があります。重要なのは，als dass... の文の内容は，実現できない仮定を表わすので，接続法第2式が用いられるということです。実は，これは文にするからこうなるのであって，「um＋zu不定句」も使えます。Das Problem ist zu komplex, um es auf dieser kurzen Sitzung zu besprechen. となります。この場合は，*um es ... besprechen zu können とは言いません。「um＋zu不定句」にすでに「... するために」という意味が含まれているので können を使うと意味が重なってしまうからです。

　似た構文で，「zu＋形容詞，so dass ...」もあります。so dass... の文は形容詞が表わす状態から導かれる結論を示します。つまり，問題文なら，「複雑すぎて，話せない」ということですから，このようになります。

Das Problem ist zu komplex, so dass wir es auf dieser kurzen Sitzung nicht besprechen können.

　「話せない」ということは事実ですから，今度は直説法を使い，接続法第2式は使えません。

　als dass と so dass の論理関係の違いがわかったでしょうか。「それは本当であるには美しすぎる」をこの両方の構文と um ... zu の構文で言ってみましょう。

Es ist zu schön, als dass es wahr sein könnte.

Es ist zu schön, so dass es nicht wahr sein kann.

Es ist zu schön, um wahr zu sein.

　事実としては3つとも同じことを言っているのですが，ニュアンスはだいぶ違いますね。この場合は als dass の方がまだ夢があるような気がします。

また，真ん中の so dass の文は意味はわかるもののあまり使いません。

　法の問題以外では，als dass 文の中の es を忘れないようにしてください。besprechen は必ず 4 格目的語を必要とします。besprechen は「... について話し合う，協議する」ということで，über *et*⁴ sprechen とほぼ同じ意味ですが，微妙な意味の違いがあります。

Wir besprechen die Sache.
私たちはそのことについて（どのようにすべきか，どう結論づけるかを）話し合う。

Wir sprechen über die Sache.
私たちは，そのことについて（話題として）話す。

über *et*⁴ sprechen は世間話でもよいわけですし，そのテーマについて何か情報を与えることもあります。それに対して，besprechen はその事柄を協議するわけです。Wir haben gerade über dich gesprochen.「今，君について話していたよ」とは言えますが，*Wir haben dich besprochen. とは言えないのは明らかですね。besprechen の目的語は *s* Problem「問題」や *e* Angelegenheit「事柄」のような名詞です。あるいは，das Buch besprechen で「その本を批評する」という意味でも使われます。besprechen の名詞は *e* Besprechung「協議」ですが，sprechen の名詞は *s* Gespräch「会話」であることからも違いがわかります。

　それから「会議で」という場合，auf der Sitzung だけでなく，前置詞として bei も in も使えます。また「会議」にあたるドイツ語の単語はいろいろあります。*e* Sitzung は会社などで何人かが集まって問題について話し合うものです。*e* Konferenz は，討議や交渉のために当事者や専門家が集まって持つ会議です。対立する利害の調整も行なわれます。ですから，世界各国の代表者が気候の変動について話し合う「国連気候変動会議」は *e* UN-Klimakonferenz と言い，-sitzung とは言いません。*r* Kongress は専門家が集まって行なう大規模な会議を指します。*e* Tagung も *r* Kongress と似ていますが，ふつう何日かにわたって行なわれる（学術的な）協議や研究発表を指します。

84

3. コーヒーを飲みたい方は，どうぞご自由にお飲みください。

→Bedienen Sie sich bitte selbst, wenn Sie Kaffee trinken möchten! /
Wer Kaffee trinken möchte, kann sich selbst bedienen.

　「... の人は ... してください」という言い方をよくしますが，これをドイツ語で言おうとすると急に詰まってしまうことがあります。一番悩まなくてすむのが，素直に命令文にすることです。「... の人」と思わずに「あなた（方）」と思って文を作るわけですね。これが解答の最初の文の考え方です。
　まわりにいる人が全員 du で話すような相手ならもちろん Sie ではなく ihr を使うことになります。Bedient euch bitte selbst, wenn ihr Kaffee trinken möchtet! になるわけです。ihr が主語なので再帰代名詞は当然 euch になることは問題ないですね。
　解答文は，日本語と同じ語順で wenn 文を先に言うこともできなくはありません。Wenn Sie Kaffee trinken möchten, bedienen Sie sich bitte selbst! ということですね。ただ，ドイツ語としてはやはり調子がよくないです。最初に命令文を言う方が自然です。wenn 文を先に持ってくるならば，その文が終わった後（ここでは möchten）の後に，一拍おいてから次の命令文を言わないとよくわかりません。または，können を使って，Wenn Sie Kaffee trinken möchten, können Sie sich selbst bedienen. と言うこともできます。
　もう１つの方法は不定関係代名詞（先行詞を含む関係代名詞）wer「... の人は」を使って文を作ることです。Wer Kaffee trinken möchte, とここまではいいですね。問題はこの後です。この文は３人称ですから２人称の du/ihr に対する命令法にはできません。文法をちゃんと勉強した人だと「接続法第１式による要求話法」を思い出すかもしれません。Wer Kaffee trinken möchte, bediene sich bitte selbst. です。文法的には合っています。素晴らしく格調高いのですが，遥か昔のドイツ語という感じで今は言いません。要求話法は Gott sei Dank.「やれやれ，助かった」など今では決まった言い方にしか使われません。その代わりに können を使えばいいのです。自由に飲むことができるということですから。ここで sollen を使うと，話している人の意志が強く出すぎます。「お願いだからコーヒーぐらい自分で飲んでくれよ」とい

う感じです。もちろん sollen がよい場合もあります。

Wer dieses Seminar belegen möchte, soll sich persönlich beim Professor melden.

このゼミを取りたい人は，個人的に教授に申し出てください。

これは，たとえば助手が学生に言ったり，案内文に書いてあったりする文です。ここでは教授の意志が sollen に込められています。ここでは können を使うと全く意味不明になってしまいますね。

ここで不定関係代名詞 wer について復習しておきましょう。wer は「... する人」を表わし，先行詞を含んでいます。　Wer das tut, hat die Folgen zu tragen. 「それをする者は結果の責任を取らなければならない」は，堅く言えば Derjenige, der das tut, hat die Folgen zu tragen. となります。derjenige は不定代名詞で，次の関係代名詞 der の先行詞となっています。wer はこの derjenige, der を 1 語で言っているわけです。wer は格言などでよく使われます。いくつか見てみましょう。

Wer A sagt, muss auch B sagen.

始めたからには最後までしなければならない。乗りかかった船。（Aと言った者はBも言わなければならない）

Wer anderen eine Grube gräbt, fällt selbst hinein.

人を呪わば穴二つ。（他人に墓穴を掘る者は，自分でその中に落ちる）

Wer zuletzt lacht, lacht am besten.　　最後に笑う者が最もよく笑う。

このような文の主文には主語となる不定代名詞 der を置くこともできます。Wer A sagt, der muss B sagen. ですね。しかし，wer と der は両方 1 格なのでふつう der は省略されます。ただし，格が異なる場合は省略できません。Wer mich liebt, den liebe ich wieder. 「私を愛してくれる人を私は愛します」。また，wer は 1 格ですが，2 格 wessen，3 格 wem，4 格 wen もあります。Wem das nicht gefällt, der soll es bleiben lassen. 「それが気に入らない者はそのままにしておきなさい」。この文では wem が 3 格で，次の der は 1 格ですから，der は省略できません。

4. え，なんですって？　今日来られないの？　もっと早く言ってくれればよかったのに。そうしたら私は他の用事を入れられたのに。

→Was, du kannst heute nicht kommen? Du hättest es mir doch früher sagen können. Dann hätte ich mir etwas anderes vorgenommen.

　ある人と約束していたのにドタキャンされたときに言うセリフですね。最初の「えっ」は，Bitte? と言うこともできます。「今日来られないの？」は，können を使わずに，du kommst heute nicht? とも言えます。Kannst du heute nicht kommen? だと本当の疑問文ですが，平叙文の語順で言うことによって相手の言ったことを繰り返し，非難している調子が出ます。

　さて，ポイントは「もっと早く言ってくれればよかったのに」という部分ですね。実際はそうしなかった，という非難が込められているのですから，接続法第2式の非現実話法で過去を表わします。長く言えば，こうなります。

Es wäre besser gewesen, wenn du es mir früher gesagt hättest.

　これはもちろん文法的には正しいのですが，ちょっとまどろっこしいですね。ここは，話法の助動詞と接続法第2式の過去の組み合わせです。「hätte … 本動詞＋話法の助動詞」という構造です。それで，解答文ができあがります。最後を sollen にして，Du hättest es mir früher sagen sollen. とも言えます。これだと本来するべき義務を怠ったというニュアンスが強く出ます。きつい非難ですね。können だと「やろうと思えばできたはずでしょ」という意味になります。まぁ，これでもきついのですが，sollen ほど「上から目線」ではありません。相手に文句を言うとき，どちらを使うかは難しいところです。

Du hättest dich mehr bemühen können/sollen.
もっと努力できたはずでしょ／もっと努力すべきだったのに。
Das hättest du mir wenigstens sagen können.
それを少なくとも私に言うことはできたはずでしょ。

　この2番目の文の wenigstens「最低限」は述べる内容に制限をかける言い方です。それで「最低限できたこと」と können を使います。sollen は不自

然です。ただし，語順を変えて Wenigstens das hättest du mir sagen sollen. なら言えます。

　また，解答例の 2 番目の文は Du から始まっていますが，「それを」の部分を文頭に持ってくることもできます。

Das hättest du mir doch früher sagen können.
***Es hättest du mir doch früher sagen können.**

　文頭では必ず das にしなければなりません。es は 4 格目的語としては決して文頭には立ちません。男性 4 格の ihn，女性・複数 4 格の sie も事物を表わす場合は文頭に置くのは間違いです。

Mir gefällt der Pullover. Den kaufe ich. / *Ihn kaufe ich.
私はこのセーターが気に入った。これを買う。

　事物を表わす 4 格の代名詞を文頭に置きたかったら人称代名詞ではなく，指示代名詞を使います。人間を表わす場合は人称代名詞の 4 格は文頭におけないこともありません。Ihn kenne ich.「彼のことは知っている」。しかしこの場合も Den kenne ich. という方がふつうです。

　さて，3 番目の文に行きましょう。「他の用事を入れられたのに」も「実際はそうしなかった」のですから，接続法第 2 式で過去を表わします。「用事を入れる」は $sich^3$ et^4 vornehmen「事^4 を計画する，することを決める」という言い回しがぴったりきます。

Nimm dir nicht zu viel vor! あんまりいろいろな予定を入れないように！
Für das neue Jahr hat er sich vorgenommen, mit dem Rauchen aufzuhören.　新年に彼は禁煙をしようと心に決めた。

　問題文ではその目的語が etwas anderes「何か別のこと」ですが，話し言葉では etwas が was になることもよくあります。なお，ここでは können を使わない方がよいです。「もし早く言ってくれれば，別の用事を入れた」と可能性ではなく言うのがドイツ語として自然です。

第❽課　名詞とは何か？

ポイント！

✱ 可算名詞が１つで不特定の場合は不定冠詞を付け，２つ以上で不特定なら
　複数形を無冠詞で使う。

✱ 不可算名詞が不特定のものを指す場合は，無冠詞で使う。

　ドイツ語の名詞には可算名詞と不可算名詞があります。１つ２つと数えられるものを表わす可算名詞には単数形と複数形があり，単数形には必ず冠詞類などが付きます。Das ist ein Kugelschreiber.「これはボールペンです」という場合，この ein を取ることができません。不定冠詞は，このように初めて話題として導入されるものや，相手がどれだか特定できない１つのものに付きます。それに対して，Das ist der Kugelschreiber.「それがそのボールペンです」と定冠詞を使えば，そのボールペンがすでに話題になっていて，聞き手が特定できることを示します。不特定のものが２つ以上ある場合は，複数形を冠詞なしで使います。Hier leben noch Füchse.「ここにはまだキツネが住んでいる」などです。

　これに対して，物質名詞や集合名詞などの不可算名詞は単数形しかなく，不特定の場合は無冠詞で用いられます。Ich möchtc Wasscr trinken.「私は水を飲みたい」，Sie isst jeden Tag Obst und Gemüse.「彼女は毎日，果物と野菜を食べる」。数えられない名詞を数えるときには，度量衡の単位を付けるか，「助数詞」と呼ばれる単位になるものを付けます。Sie kauft einen Pfund/eine Packung Butter.「彼女はバターを 500 グラム／１パック買います」。もちろん，不可算名詞でも特定のものを指すときは定冠詞を使います。Hast du jetzt Geld dabei?「君は今お金を持っている？」と Hast du noch das Geld?「君はまだそのお金を持っている？」を見れば，同じ不可算名詞の Geld が不特定の場合と特定の場合で違うことがわかりますね。

ドイツ語の文にしてみよう！ 🖎

1. スーパーに行くなら石鹸を買ってきて！―いくつ？―3個！

検討語句 / e Seife, r Supermarkt, wie viel, kaufen, mitbringen, holen

---

2. 彼はヨーロッパの多くの国に住みました。ドイツ，スイス，オランダなどです。

検討語句 / Deutschland, Schweiz, Niederlande, unter anderem

---

3. その病気の原因は2つある。1つは身体的なもので，もう1つは精神的なものだ。

検討語句 / e Krankheit, physisch, psychisch, e Ursache, r Grund, ein, ander

---

4. 私は新聞を読むのが好きです。とくにスポーツ欄が。

検討語句 / e Zeitung, r Sportteil

---

1. スーパーに行くなら石鹸を買ってきて！－いくつ？－３個！

→Bring bitte Seife mit, wenn du jetzt in den Supermarkt gehst!
  — Wie viel Stück? — Drei Stück!

「買ってきて」の動詞として mitbringen が使われているのを不思議に思った人もいるかもしれません。これは「どうせ行くならついでに買って私に持って来てほしい」というときに使われます。kaufen を使うとただ買えと言うだけで少し変です。また，holen も使えますが，これは予約してあるものを取りに行ったり，特定のものを買ってきてほしいというときに使います。たとえば，Würdest du bitte Brot vom Bäcker holen?「パン屋でパンを買ってきてくれない？」という場合です。パン屋さんにはパンしか売ってないので holen がよいわけですが，スーパーには石鹸以外にもいろいろなものが売られているので mitbringen を使う方が自然です。

さて，ポイントは石鹸の部分です。*Bring bitte eine Seife mit! とは言えません。日本語を話す私たちにとっては難しいことですが，Seife は材料を表わすのであって，固形石鹸の１つ１つを指すのではないからです。物質名詞ということです。物質は数えられないので，不可算名詞になります。ですから，不定冠詞は付きません。Fleisch「肉」とか Wasser「水」と同じ扱いです。Seife は固形でも液体でも Seife ですが，一般的にはやはり固形を思い浮かべるでしょうから，「何個？」と聞くときは，Wie viel Stück? と s Stück「個」を使います。Ich kaufe zwei Stück Seife.「私は石鹸を２個買う」ですね。

Stück のように不可算名詞を数える単位になる名詞を「助数詞」と言います。助数詞のうち，この s Stück や s Blatt「枚」のような中性名詞のものや r Krug「ジョッキ」のような男性名詞のものは，複数になってもふつうそのままの形で使います。つまり，「2枚の紙」は zwei Blatt Papier,「ビールジョッキ3杯」は，drei Krug Bier と言い，zwei Blätter Papier や drei Krüge Bier とはあまり言いません。これに対して，-e で終わる女性名詞のものは必ず -n の付いた複数形になります。eine Tasse Kaffee「コーヒー1杯」は，zwei Tassen Kaffee になります。同様に，eine Scheibe Brot「パン1枚」，zwei Scheiben Brot「パン2枚」と数えます。

　問題文で「3 個」は drei Stück と Stück が単独で使われていますが，これは drei Stück Seife の省略だからです。もし，助数詞としてではなく，単に「3 個」ならば drei Stücke になります。

　さて，喫茶店で飲み物を注文するような場合は，物質名詞も数えられるようになります。

Ich nehme ein Bier / einen Kaffee / ein Mineralwasser.
ビール 1 つ／コーヒー 1 つ／ミネラルウォーター 1 つください。

　こういうことが言えるのは，どの程度の量が「1 つ」なのかの共通理解があるからです。普通はジョッキやカップ 1 杯ということです。ただ，コーヒーの場合，eine Tasse Kaffee「カップ 1 杯のコーヒー」の場合もあるし，ein Kännchen Kaffee「小ポット 1 杯のコーヒー（カップ 2 〜 3 杯分）」の場合もあります。ビールは，多くの店には ein kleines Bier（330ml か 350ml）と ein großes Bier（500ml）があるので，最初から小か大を言う方が早いと言えます。ちなみに，世界最大のビール祭りである Oktoberfest では eine Maß Bier しかありません。1 リットルの巨大ジョッキです。

　なお，これまで説明してきたことと一見矛盾するようですが，物質名詞の中にも複数形を持つものがあります。しかしこれらの複数形は，単数形とは違う意味になったり，種類を表わしたりするときに用いられます。Papier「紙」— Papiere「書類」，Wasser「水」— *pl* Wasser「河川，湖沼（の水の総体）」，Bier「ビール」— Biere「いろいろな種類のビール」などです。

Bei der Grenze muss jeder seine Papiere vorzeigen.
国境ではだれしも証明書を見せないといけない。

Stille Wasser sind tief.
静かな水は深い。（＝おとなしい人は見かけによらない）

Alt, Kölsch, Pils und Weißbier sind berühmte deutsche Biere.
アルト，ケルシュ，ピルス，白ビールは有名なドイツのビールである。

　物質名詞はやはりふつうの意味では数えられないのです。

2. 彼はヨーロッパの多くの国に住みました。ドイツ，スイス，オランダなどです。

→Er hat in vielen Ländern in Europa gewohnt, unter anderem in Deutschland, der Schweiz und den Niederlanden.

　前半は，Er hat in vielen europäischen Ländern gewohnt とすることもできます。意味は変わりません。

　ポイントは，国の名前です。Deutschland「ドイツ」，Frankreich「フランス」，Japan「日本」など多くの国の名前は中性名詞ですが，これらはふつう冠詞を付けません。前置詞の後には直接国名を付けて言います。

Er wohnt in Deutschland.	彼はドイツに住んでいる。
Sie geht nach Frankreich.	彼女はフランスに行く。
Ich komme aus Japan.	私は日本から来ました。

　これに対して，スイスは die Schweiz と女性名詞の国名です。ほかに，die Türkei「トルコ」，die Slowakei「スロバキア」，die Mongolei「モンゴル」など，-ei で終わる国名はすべて女性名詞で，常に冠詞とともに使われます。

Er wohnt in der Türkei.	彼はトルコに住んでいる。
Sie geht in die Slowakei.	彼女はスロバキアに行く。
Ich komme aus der Mongolei.	私はモンゴルから来ました。

　なお，「... へ」と移動を表わす場合，標準的には，冠詞が付かない国名では nach Japan のように nach を使いますが，冠詞が付くと in die Schweiz のように in ＋ 4 格で言います。ただ，nach der Schweiz と言う人もいるので，in でないと間違いとは言いきれません。

　男性名詞の国名もあります。der Iran「イラン」，der Irak「イラク」などです。これらも冠詞とともに使われます。

Er wohnt im Iran.	彼はイランに住んでいる。
Sie geht in den Irak.	彼女はイラクに行く。

　ただし，男性名詞の国名の場合は冠詞なしの使い方も増えてきています。その場合，移動を表わす場合は Sie geht nach Irak. と nach を使います。

　これに加えて，複数形の国名もあります。die USA「アメリカ合衆国」や die Niederlande「オランダ」です。3 格になるとき，USA は略号ですから in den USA のように形は変わりませんが，オランダの場合は，複数 3 格の -n が付くことを忘れないでください。

Sie wohnt in den Niederlanden.　彼女はオランダに住んでいる。

　さて，少し補足説明です。Deutschland や Japan などの中性の国名にはふつう定冠詞は付きませんが，形容詞や他の付加語があるときは定冠詞を付けます。das moderne Deutschland「現代のドイツ」，das Japan vor 100 Jahren「100 年前の日本」。これはやはり規定されているからです。他の地名（州や町の名前）は基本的に中性名詞ですから，国名と同じことが当てはまります。Ich fahre nach Bayern.「私はバイエルンに行く」ですが，Ich fahre in das nördliche Bayern.「私は北部バイエルンに行く」となります。ごく例外的に，das Elsass「エルザス（フランス語でアルザス）」や das Allgäu「アルゴイ（アルプスの麓の地方）」は付加語がなくても das を付ける地名です。その他，der Breisgau「ブライスガウ」や die Neumark「ノイマルク」など男性，女性の地名もあります。

　河川の名前は男性名詞か女性名詞で中性名詞はありません。der Rhein「ライン川」，der Nil「ナイル川」，die Donau「ドナウ川」，die Themse「テムズ川」などです。日本の川の名前はどうなるのだろうと思って，ドイツのウィキペディア（http://de.wikipedia.org）で調べたら，der Shinano「信濃川」，der Tone「利根川」，der Arakawa「荒川」などすべて男性名詞になっていました。ウィキペディアなので 100 パーセントの信頼はできないかもしれませんが，ドイツ人の語感からすると知らない川はとりあえず男性名詞にするみたいです。

　山の名前は男性・女性・中性・複数すべてあります。der Brocken「ブロッケン」，die Jungfrau「ユングフラウ」，das Matterhorn「マッターホルン」，die Alpen「アルプス」などです。

3. その病気の原因は２つある。１つは身体的なもので，もう１つは精神的な
ものだ。

→Es gibt zwei Ursachen der Krankheit: Die eine ist physisch und die
andere psychisch.

「... の原因」という場合，Ursache(n) の後に２格を使うことも für を使う
こともあります。ですから，Es gibt zwei Ursachen für die Krankheit. とも
言います。また，「病気」を主語にして，Die Krankheit hat zwei Ursachen.
でもいいですね。類義語に r Grund「理由」があります。こちらは，２格は
使わず für を使います。また，動作名詞を使って「... する理由」と言う場合
は zu(r) もよく使われます。

Die Gründe für die Tat sind unklar.　　　その行為の理由は不明だ。

Es besteht kein Grund zur Aufregung.　　　カッカする理由は何もない。

さて，この問題のポイントは「１つは...，もう１つは...」の部分です。こ
こでは２つの点に注意してください。まず，名詞の性です。e Ursache が女
性名詞ですから，Die eine ... となるのです。Die eine Ursache から Ursache
を省略すると考えればわかりやすいですね。たとえば，「原因」の代わりに「理
由」の Grund を使って「それには２つの理由がある。１つは ...」としてみ
ましょう。これは男性名詞ですから，Es gibt zwei Gründe: Der eine ist ...,
der andere ist ... となります。今度は定冠詞として der を使わないといけま
せん。なお，コロンの後は，新しい文とみなして大文字で始めます。

もうひとつのポイントはここに冠詞が付いていることです。?? Es gibt zwei
Ursachen: Eine ist ... と言うのはおかしいのです。というのも，理由は２つ
だと提示したあとに，「１つは ...」と始めているのですから，これは２つの
うちの１つということで特定なものとなっているからです。当然もう片方も
die andere と定冠詞が必要です。これがたとえば Es gibt viele Ursachen.「多
くの理由がある」となって，「そのうちの１つは ...」と言うときは，die eine
とあくまで「多くの理由」という「集合」の１つだから特定だとも見なして
もいいですし，eine davon と言っても自然です。davon は「そのうちの」と

いうことで，eine von den Ursachen ということです。理由が多いので集合としての厳密な境界線が意識されないからです。問題文の「２つ」や「３つ」ぐらいだとどうしても特定化されるので冠詞が付くのです。

　なお，「... のうちの１つ」の場合の語尾変化は大丈夫ですね。einer der Tische「それらの机のうちの１つ」，eine der Lampen「それらのランプのうちの１つ」，eines der Bilder「それらの絵のうちの１つ」です。

　「それらの机のうちの１つ」は意味からすると ein Tisch der Tische ですが，最初の Tisch は省略されます。しかし，*ein der Tische とはなりません。不定冠詞の男性１格および中性１・４格には語尾がないので，名詞を省略してしまうとどんな名詞を表わしているかわからなくなります。そこで，性・数・格を明示する「強語尾（定冠詞類の語尾）」を付けるのです。Tisch は男性名詞ですから，einer der Tische となります。女性名詞の場合は eine に強語尾が付いているのでそのままで大丈夫ですが，中性名詞の場合は，やはり -es を付けて eines der Bilder となるわけです。なお，話し言葉では eines の代わりに eins と言うことがよくあります。

　さて，解答文にはコロン（ドイツ語では Doppelpunkt）を使っています。ピリオド（Punkt）やコンマ（Komma）も考えられますが，やはりコロンが一番しっくりします。コロンは，①直接引用の前，②前に述べたことの理由や内容を例示するとき，③直前に述べたことの要約に用いられます。

① **Peter sagte: „Ich habe Kopfschmerzen.“**
ペーターは「僕は頭が痛い」と言った。

② **Sie hat bisher drei Länder besucht: Frankreich, Italien und Spanien.**
彼女はこれまでに３カ国を訪問した。フランス，イタリア，スペインである。

③ **Haus und Hof, Geld und Gut: Alles ist verloren.**
家屋敷，財産，つまり，すべてが失われた。

　問題文は②のケースです。ドイツ語を読んでいてコロンが出てきたらだいたい「つまり」と置き換えて読むと意味がよくわかります。

4. 私は新聞を読むのが好きです。とくにスポーツ欄が。

→ Ich lese gerne Zeitung, vor allem den Sportteil.

目的語の名詞と動詞が密接に結びついて1つの概念を構成する場合，その名詞はもはや個体として見なされなくなります。

Sie spielt jetzt Klavier.	彼女は今ピアノを弾いている。
Er fährt gern Auto.	彼は車を運転するのが好きだ。

この場合，特定のピアノや車のことを言っているわけではありません。このようなときはたとえ数えられる名詞でも冠詞が付かなくなります。

問題はいつ冠詞を付けないかということで，私たちの頭を悩ませます。スポーツや楽器の名前と spielen の組み合わせではいつも付けないと覚えていていいでしょう。Fußball spielen「サッカーをする」，Bratsche spielen「ビオラを弾く」ですね。fahren は Auto fahren の他に Rad fahren「自転車に乗る」もおわかりですね。

単に電車に乗るという場合も Zug fahren と冠詞なしで言う方が自然です。

Ich fahre gern Zug.	私は電車に乗るのが好きです。
Ich fahre mit dem Zug nach Berlin.	私は電車でベルリンに行きます。

mit dem Zug は移動手段として「電車で」というときに使い，目的地を明示するときに使います。? Ich fahre gern mit dem Zug. は不自然です。

さて，新聞の場合は微妙です。問題文のように「新聞を読む」行為が習慣や好き嫌いとして扱われている場合は無冠詞で言う方が多くなります。雑誌の場合は，Ich lese jeden Tag Zeitschriften.「私は毎日，雑誌を読む」というように複数形を使う方が自然です。雑誌の場合はいろいろ考えられるからです。

新聞の場合，定冠詞を付けても言えます。Ich lese gern die Zeitung. ですね。「ピアノを弾くのが好き」という場合は特定のピアノは念頭に浮かびませんが，「新聞を読むのが好き」だとやはりどの新聞を読むかは問題になるからでしょう。なお，「新聞で... ということを読んだ」という場合は，Ich habe in der Zeitung gelesen, dass ... と定冠詞を付けて in der Zeitung と言います。

in einer Zeitung と言うとよっぽど「ある新聞」と強調することになります。どの新聞にも載っているようなことを読んだのなら定冠詞です。

　このようなものはよく「熟語」と呼ばれます。ものは言いようですが，要するに「覚えるしかない」ということです。よく使うものをいくつか例文で覚えていきましょう。

Mein Vater hat heute Geburtstag.	父は今日，誕生日だ。
Nehmen Sie bitte Platz.	どうぞお座りください。
Er führt über alles Buch.	彼はすべてのことを記録しておく。
Sie halten von ihm Abstand.	彼らは彼から距離を置いている。

　「熟語」と似たものに「機能動詞構文（funktionales Verbgefüge）」と呼ばれるものがあります。名詞と特定の動詞で 1 つの意味のまとまりを作るものです。熟語と言ってしまってもいいのですが，機能動詞構文の方は同じ意味を 1 つの動詞でも言えるという特徴があります。

Er hat ihr Hilfe geleistet.　彼は彼女に手助けをした。（= helfen）

Mein Beruf nimmt mich voll in Anspruch.
私の仕事で私は精一杯である。（= beanspruchen）

Wir ziehen die Rechtmäßigkeit des Verfahrens in Zweifel.
我々はその手続きの正当性を疑問視する。（= bezweifeln）

　このような機能動詞構文に使われる名詞は無冠詞が多くなります。機能動詞構文は，1 語の動詞に較べ，文体的に高尚になるので，よく書き言葉で使われます。

　なお，後半の「スポーツ欄を」の部分は den Sportteil と定冠詞を付けないといけません。新聞のスポーツ欄ということで他の欄と対比されているからです。

第❾課　名詞句の表示のしかた

ポイント！

✱聞き手が特定できる情報を「定」と言い，特定できない情報を「不定」と言う。

✱定冠詞は「定」の情報を表わす。不定冠詞は「不定」で，かつ，1つのものを表わす。複数の「不定」のものは無冠詞。

　名詞に定冠詞を付けるか付けないかは私たちにとって特に難しい問題です。それには「定」と「不定」という概念をしっかり理解する必要があります。「定」とはその情報が聞き手にとって既知のものか，少なくとも何を指しているか特定できるということです。たとえば，Wo ist das Buch?「あの本どこだ？」とある人があなたに言ったとしましょう。すでにその本が話題になっていて，どの本のことかわかれば，「ああ，あの本のことね。それなら本棚に戻しておいたよ」と答えることができますが，わからなければ「どの本のこと？」と聞かざるを得ません。逆に Gestern habe ich in der Zeitung einen interessanten Artikel gelesen.「昨日，私は新聞で面白い記事を読んだ」と言えば，話し手は聞き手がその記事のことを知らないということを前提にしています。「不定」であることを表示する不定冠詞が付いているからです。聞き手としても新しい情報だなと思えます。複数のものが「不定」の場合は無冠詞です。Ich habe heute Blumen gekauft.「私は今日，花を買いました」。日本語は単数と複数の区別も特にしませんし，「定」と「不定」の区別もしませんが，ドイツ語は名詞を使う際に常に「数」と「定性（定か不定かということ）」を意識する言語です。

　「定」は必ずしも話している当事者同士がすでに話題にしたものとは限りません。たとえば，ある家庭に呼ばれていてトイレに行きたくなったら，Wo ist die Toilette? と言い，Wo ist eine Toilette? とは言いません。どんな家にもトイレはあるというのが常識で，トイレと言えばその家のトイレと決まっています。「定」というのは聞き手が「特定できる」ということです。太陽や月も地球上に住む私たちにとっては1つしかないものなので，それぞれ die Sonne, der Mond と定冠詞を付けます。eine Sonne と言えば，（太陽系以外の）どこかの恒星ということになります。

ドイツ語の文にしてみよう! ✍

1. 彼らはミュンヘンに住んでいます。アパートは広くて庭付きですが，家賃は光熱費を含まないで 1800 ユーロもします。

   検討語句 / e Miete, s Haus, e Wohnung, sein, kosten, betragen, kalt, warm

2. 今日では，子どもがひとりしかいない家庭が多い。多くの夫婦が 2 人目の子どものことなど考えていないと言う。

   検討語句 / e Familie, s Ehepaar, s Kind, zweit

3. 日本人は熱いお風呂に入るのが好きです。お湯の温度は 40 度ぐらいです。それに対して，ドイツ人は熱いお風呂には入りません。お湯は体温と同じです。

   検討語句 / baden, heiß, e Temperatur, e Körpertemperatur

4. 金融危機により 2009 年には多くの会社が破産に追い込まれた。合計して 35000 の会社の倒産があった。

   検討語句 / e Finanzkrise, e Insolvenz, insgesamt, e Firmenpleite, in et⁴ treiben

1. **彼らはミュンヘンに住んでいます。マンションは広くて庭付きですが，家賃は光熱費を含まないで 1800 ユーロもします。**

→ Sie wohnen in München. Die Wohnung ist groß und hat einen Garten. Die Miete beträgt aber 1800 Euro kalt.

それほど難しくない文ですが，冠詞の使い方に敏感になりましょう。定冠詞はどれだか特定できるものに付き，不定冠詞は特定できない 1 つのものに付きます。ですから初めて登場する名詞には不定冠詞が付くことが多いのですが，必ずそうだとは限りません。ここでは Wohnung は初めて出てきますが，前の文で Sie wohnen in München. と言っています。ですから，次の文で Wohnung が出てくれば当然それは彼らが住んでいるマンションで，特定の存在です。ここで，所有冠詞を付けて，?Ihre Wohnung ist groß ... と言うのはやや不自然です。前の文で，Sie verdienen sehr gut.「彼らはとても稼ぎがよい」など，住居と関係のない話をしていれば，彼らの生活を構成する 1 つの要素として次の文で Ihre Wohnung ... と始めるのは自然になります。ここでは，Wohnung という名詞は動詞 wohnen からの派生語なので所有冠詞を使うことに抵抗が大きくなるわけです。

なお，Wohnung は，マンションやアパートなど集合住宅の中の 1 つの住居です。マンションの用語で言うと，区分所有法に基づいた専有部分ということですね。自分で買ったのか賃貸なのかは関係ありません。もし，自分が所有していることを明示したければ，*e* Eigentumswohnung と言います。賃貸だと *e* Mietwohnung です。また，日本では，木造・軽量鉄骨造りで賃貸のものをアパートと言い，鉄筋コンクリート造りで主に分譲されるものをマンションと言いますが，ドイツにはそういう区別がありません。ちなみに，マンションやアパート全体のことを何と言うかと言えば，やはり，*s* Haus です。

Sie wohnen im selben Haus.
彼らは同じ家／マンション／アパートに住んでいる。

このように，im selben Haus wohnen と言っても，1 つの一戸建ての家に

同居しているという意味で言っているとは限らないので，注意してください。
そのほか，*s* Apartment または *s* Appartement は，小さめで，ふつう単身者
用の Wohnung を指します。日本語の「アパート」の意味合いとやはり違い
ます。

　さて，問題文に戻って，そのマンションが庭付きというときの Garten は
初めての情報ですから不定冠詞を付けます。ここで定冠詞を付けてしまうと
「その庭って，どの庭？」ということになってしまいます。次の Miete ですが，
これはやはり定冠詞が付きます。どの家賃かと尋ねるまでもなく，そのアパ
ートの家賃に決まっているからです。

　ところで，「家賃が 1800 ユーロ」のように，特定の値段や数量を表わす
ときは，betragen という動詞を使うのが正確な言い方です。日常会話では，
Die Miete ist ... と sein 動詞を使うこともよくあります。これに対して，
kosten はあまりよくありません。kosten は，ある特定の事物がいくらする
かを表わします。

Das Auto kostet 10.000 Euro.　　その車は 10000 ユーロします。

Die Wohnung kostet monatlich 1800 Euro.
そのマンション（アパート）は，月々 1800 ユーロする。

　この下の例のように，家賃を払うという場合でも Wohnung を主語にすれ
ば kosten を使うわけです。それに対して，die Miete「家賃」は事物ではなく，
支払うお金のことですから，kosten はおかしいわけです。Die Höhe beträgt
300 Meter.「高さは 300 メートルあります」と同様です。しかし，ドイツ
の母語話者といえど，全員が正しい言葉遣いをするわけではないので，Die
Miete kostet ... と言う人もいますし，インターネットで検索すると結構見つ
かります。google では約 10 万件もヒットしてしまいました。もちろん，
Die Miete beträgt ... は，約 178 万件なので，この言い方のほうがよいこと
は一目瞭然です。

　家賃が光熱費を含んでいる場合は warm，含んでいない場合は kalt と言い，
値段を言った後に warm や kalt を付けます。また，warme Miete「光熱費込
みの家賃」，kalte Miete「光熱費なしの家賃」とも言います。

102

2. 今日では，子どもがひとりしかいない家庭が多い。多くの夫婦が２人目の子どものことなど考えていないと言う。

→Heutzutage haben viele Familien nur ein Kind. Viele Ehepaare sagen, sie denken gar nicht an ein zweites Kind.

　最初の文は解答例の他に，Heutzutage gibt es viele Familien mit einem Kind. とすることもできます。heutzutage「今日」は，以前と比べて現在の現象を述べるときによく使われます。heute をこの意味で使うこともできます。ただ，「今日」と混同されるといけないので，特に話すときは heutzutage と言う方が簡明です。

　さて，ここのポイントは「２人目の子ども」の部分です。ここを das zweite Kind としてはいけません。それだと，すでに子どもは２人（あるいはそれ以上）いて，その２番目の子どもということになります。序数を使う場合は自動的に定冠詞を使うと思っている人がいますが，そんなことはありません。定冠詞はあくまでも特定できるものに使われます。ここでは，ひとり子どもがいて，もうひとり子どもを持つかという話をしているのですから，その子は「もし生まれるとすると２番目になる」わけですね。もし，Sie denken gar nicht an das zweite Kind. と言うと，たとえば，その２番目の子どもはすでに死んでしまっていて，もうその子のことは考えなくなったとか，生きてはいるけれど，もう自分たちの子どもだとは思っていないなど，いずれにせよ不幸な状況を表わすことになります。

　実際はまだ存在せず想定されているだけのものは不特定なので不定冠詞を付けるのです。たとえ序数が付いてもそのことは変わりません。erst「最初の」でも不定冠詞が使われる場合があります。

Es gibt für alles ein erstes Mal.　どんな事にも最初の回がある。

　これは慣用句と言ってもよい表現ですが，新しいことに挑戦しようとするときに「やってみないとわからない」，「初めてだからといって尻込みしていては始まらない」という意味で使われます。この場合，「初めての回」は実際に実現するかどうかはわからないので，不定冠詞が付くわけです。もちろ

んまだ実現していないことにはすべて不定冠詞しか付かないというわけでは
ありません。次の例をご覧ください。

Ich möchte sie ein letztes Mal sehen, bevor ich nach Deutschland gehe.
ドイツに行く前に，最後にもう一度彼女に会いたい。

**Übermorgen sehe ich sie zum letzten Mal, bevor ich nach Deutschland
gehe.**　明後日，ドイツに行く前，彼女に最後に会う。

　上の文では，「彼女に最後に会う」のはただの願望で終わるかもしれない
ことなので不定冠詞が使われます。それに対して，下の文では，「明後日」
という近い未来のことなので，最後に会うことは確定的です。それで定冠詞
が使われるのです。なお，zum letzten Mal は約束した上で最後に何かを行
なうときに使われ，das letzte Mal はとくに約束していることを意味しません。
Als ich ihn das letzte Mal gesehen habe, war er noch kerngesund. 「私が彼に
最後に会ったときは，彼はまだ健康でぴんぴんしていた」のように使います。
　では，例題を 2 つやってみましょう。Mal「回」にどちらの冠詞が付くか
考えてください。
　「(あなたはドイツに来るのは初めてかと聞かれて) いいえ，私はドイツに
来るのは 2 回目です」。

Nein, ich bin .... Mal in Deutschland.

　「PC のスイッチを入れてもスタートはするがちゃんと起動しない。2 回
目にスイッチを入れるとやっと動き出す」。

Wenn ich meinen PC einschalte, startet er, aber er fährt nicht hoch.
Wenn ich .... Mal einschalte, dann läuft er.

　どうでしょうか。最初は das zweite Mal です。この文を言った時点で話者
はドイツにいるので，特定されています。それに対して，次の例は ein
zweites Mal になります。ふつう PC は 1 度スイッチを入れれば起動します。
聞き手にとって，2 回目にスイッチを入れるのは想定外のことなので不定冠
詞が付くのです。

3. **日本人は熱いお風呂に入るのが好きです。お湯の温度は 40 度ぐらいです。それに対して，ドイツ人は熱いお風呂には入りません。お湯は体温と同じです。**
→Japaner baden gern heiß. Die Temperatur des Wassers beträgt ungefähr 40 Grad. Dagegen baden Deutsche nicht heiß. Ihr Badewasser hat Körpertemperatur.

　日本人とドイツ人のお風呂の入り方について述べています。このような一般論を述べる場合，名詞は，数と冠詞の有無によって4つの可能性があります。「定冠詞＋単数名詞」は，例外を許さない厳密な一般論になります。辞書的・百科事典的な定義と言ってもいいでしょう。これに対して，「不定冠詞＋単数名詞」は，その名称で呼ばれるどれを取り上げてもその性質が該当することを述べます。「集合Xに含まれるどの要素YもZが当てはまる」という集合論的な考え方だと言えるでしょう。両者ともだいたいは同じようなことを表わします。ただし，厳密に言えば論理は違うので，どちらかしか使えないという場合もあり得ます。

Der Wal ist ein Säugetier.　　??Ein Wal ist ein Säugetier.
鯨は哺乳類である。

Eine Katze ist ein Haustier.　　??Die Katze ist ein Haustier.
猫はペットである。

　複数のドイツ人に語感を尋ねたところ，鯨の例文は定冠詞でないとおかしいということでした。不定冠詞を使うためには，「どの個体を取り上げてみても」ということが必要ですが，「どの鯨を取り上げても」と言えるほど鯨を見ているわけではない，そもそも鯨を直接見たことなんてない，というわけです。それに対して，猫はふだん見ているから不定冠詞でいいわけです。自分が見たことのある猫はみんなペットとして飼われているものなので，この文で問題はない，という感覚です。しかし，厳密に考えれば，野良猫だっているので，事典的な定義を表わす定冠詞を使うのはおかしいのです。もちろん，Die Katze ist ein Säugetier.「猫は哺乳類である」なら定冠詞がふさわしくなります。もちろん，「どの猫を取り上げても」哺乳類に違いないので

不定冠詞も使えますが，わざわざそんなことをしなくても初めからわかっています。

　以上から，「日本人は熱いお風呂が好き」ぐらいの内容で，?Der Japaner/??Ein Japaner badet gern heiß. とは言いません。大げさすぎて一般論にはなりません。「定冠詞＋単数」であえてこのことを言うと，子ども番組で，いろいろな民族の風習を紹介して，その中で「日本人と言えばお風呂です」のようにものすごく単純化して述べるような印象を与えるようです。

　これに対して複数名詞を使うと集団に目を向け，その性質を述べることになります。ですから，このお風呂の話題では少なくとも複数形で，さらに無冠詞の方がややよいでしょう。定冠詞を付けると「日本人」と「ドイツ人」の集団の境界がはっきりして，ほとんど例外がないように聞こえるからです。なかには熱いお風呂が好きなドイツ人もいるでしょうから，Die Deutschen baden nicht heiß. はやや言い過ぎでしょう。まぁ，私がこれまでドイツ人の友人を温泉に連れて行った経験からすると，私が気持ちよく入れる温度だと「やけどしそうだ」と言って，私からすると湯冷めしそうな温度がちょうどいいようですが。

　その他の部分の冠詞の使い方を見ましょう。最初の「お湯の温度」ですが，「日本人が入るお湯」ということで規定されているので定冠詞付きで die Temperatur des Wassers となります。Wasser の代わりに Badewasser でも結構です。ちなみに冷たくても熱くてもドイツ語では Wasser ですよ。

　それに対して，ドイツ人は熱いお風呂には入らないと言った後は，Ihr Badewasser hat Körpertemperatur. とするのがいいでしょう。ここで，?Das Wasser hat Körpertemperatur. と言うと，いきなり，どの水（湯）が体温を持っているのかと論旨が不明になってしまいます。ですから，お風呂のお湯だと明示するために Badewasser と言い，さらに，日本人のとは違い，ドイツ人のお風呂の湯は，という対比が示されているので，ここでは所有冠詞の ihr を付けるのがふさわしいのです。

　なお，「体温と同じ」という部分は，Körpertemperatur haben を使います。定冠詞 die を付けると「誰の体温だ？」となってしまいます。

4. 金融危機により 2009 年には多くの会社が破産に追い込まれた。合計して 35000 の会社の倒産があった。

→Durch die Finanzkrise wurden 2009 viele Firmen in die Insolvenz getrieben. Insgesamt gab es 35 000 Firmenpleiten.

　少し難しい問題で，かつ，長いので解答例以外にも訳しかたは考えられるでしょう。ここでは紙面の制約から冠詞の使い方に説明を絞ります。

　まず，最初の文の「金融危機」には定冠詞を付けないといけません。リーマンショック以降，2009 年に金融危機があったのは一般的な知識となっています。それに対して，「多くの会社」にはもちろん定冠詞は付きません。die vielen Firmen だとすでにそれら多くの会社が話題になっていることになるからです。

　「破産に追い込まれた」という部分は，難しいですね。et^4 in die Insolvenz treiben「物^{4}を破産に追い込む」という表現の受け身の形です。かならず in die Insolvenz と定冠詞を使います。同じような意味で，次のようにも言えます。

Durch die Finanzkrise haben 2009 viele Firmen Insolvenz angemeldet.
金融危機により 2009 年には多くの会社が破産を申告した。

　この場合は Insolvenz anmelden「破産を申告する」と言い，定冠詞は付けません。名詞と動詞が 1 つの概念を構成するからです。熟語表現とも言えます。Auto fahren「車を運転する」のようなものです。とはいえ，どんな場合に定冠詞が付くか付かないかと言われれば，きちんと理屈では説明できず，最終的には「1 つ 1 つ覚えてください」としか言えません。

　しかし，特定の傾向はあります。何度も出てきているように「目的語＋動詞」が 1 つの概念を作るときには目的語の冠詞が取れるのですが，「前置詞＋名詞＋動詞」が 1 つの概念を作るときには定冠詞が使われることが多くなります。

　面白いことに，ドイツ語と英語ではこの傾向が逆になるようです。これはドイツ語と英語の「好みの差」でしょう。

	ドイツ語	英語
ピアノを弾く	Klavier spielen	play the piano
車を運転する	Auto fahren	drive a/the car
ベッドに行く（寝る）	ins Bett gehen	go to bed
教会に行く	in die Kirche gehen	go to church

　ただ，これはあくまで傾向で前置詞の後に無冠詞の名詞が来ることもあります。たとえば，「ベッドに行く」を zu Bett gehen とも言います。このときはなぜか zum Bett gehen とは言いません。言うとしたら，単に特定のベッドのところに行くという意味で「寝る」という意味ではありません。

　すでに前の課で「機能動詞構文」について扱い，その名詞は無冠詞が多いことも述べました。つまり，et^4 unter Beweis stellen「事^{4}を証明する」のように 1 語で beweisen と言い換えられるようなときは名詞 Beweis には冠詞が付かないことが多く，ins Bett gehen のように全体として 1 つの概念（単にベッドに行くということではなくて「寝る」）を表わす熟語的な表現のときは前置詞の後の名詞に定冠詞が付く傾向があるということです。

　ただし，機能動詞でも，使われる前置詞によって，定冠詞の付きやすいものとそうでないものがあります。熟語の場合と異なり，in には基本的に定冠詞は付きません。in Bewegung bringen「動かす」（＝bewegen），in Ordnung bringen「整理する，正常にする」（＝ordnen），in Vergessenheit geraten「忘れられる」（＝vergessen werden）などです。

　それに対して，zu の後に動作名詞などが来る場合は基本的に定冠詞との融合形になります。zum Ausdruck bringen「表現する」（＝ausdrücken），zum Abschluss kommen「終わる」（＝abgeschlossen werden）/ zum Abschluss bringen「終える」（＝abschließen），zur Sprache kommen「話題になる」（＝besprochen werden）/ zur Sprache bringen「話題にする」（＝besprechen）。これらの例でわかるように，機能動詞構文では，同じ「前置詞＋名詞」に，kommen と bringen の両方が使われることが非常に多くあります。kommen が自動詞的・受動態的な意味を表わし，bringen が他動詞的な意味を表わすわけです。

ドイツは階級社会？

　ドイツというのはある種の階級社会だとよく思います。ドイツからの学生によく「Akademiker は日本語で何というのですか？」という質問をされるのですが，うまい日本語が浮かんできません。ごくおおざっぱに言うと，ドイツでは 10 歳のときに大学に行くか，職人になるかを決めます。大学に行く場合は，Gymnasium に行って大学入学資格試験（Abitur）を受けます。それ以外は，Realschule や Hauptschule に行き，職業教育を受けます。Hauptschule にはかなり成績が悪い生徒が行くようで，そこでの教育をどうするか，今，大きな問題になっています。

　そして，大学に通っている人間および大学を卒業した人間を Akademiker と言うのです。別に，大学の教師や研究者だけを指すわけではありません。大学を卒業して企業で働いても，その人は Akademiker です。それに対して，大学に行かずに職業訓練をして職業についた人が Arbeiter です。日本語では大学を出ようが出まいが，働いている人はみな「労働者」ですね。まぁ，会社の経営陣など「管理者」に対して「労働者」ということもありますが，すくなくとも，Akademiker と Arbeiter という社会的な階層の違いはないでしょう。

　ドイツでは，この階層によって，読む新聞も異なっていると言えます。それは内容だけではなく，ドイツ語自体も違うので驚きます。一番，難しいのが日刊紙では Die Frankfurter Allgemeine Zeitung（FAZ）です。週刊紙では Die Zeit です。これに対して，一番簡単なものが Die Bild-Zeitung で，ドイツの発行部数第一位の新聞です。FAZ を読むのは Akademiker で，Bild を読むのは Arbeiter と言えます。

　この 2 つの新聞を見てみると，言葉自体が違っているのがわかります。FAZ の方は，使われている単語が難しいだけでなく，文の構造も複雑で，関係代名詞も多く使われています。副文の中に副文がある「入れ子構造」もよくあるので，じっくり読まないと意味がわかりません。そもそも写真がほとんどありません。それに対して，Bild の方は紙面の半分以上が写真です。関係代名詞などほとんど使われていません。副文さえあまり使われていませ

ん。見出しの多くは，！か？が使われています。実際に手にとって見ていただくのが一番ですが，オンライン版でも感じがつかめます。FAZ は http://www.faz.net/s/homepage.html，Bild は http://www.bild.de です。ただし，Bild には（実際の紙面でもオンライン版でも）扇情的な記事や写真が載っていますから，それをけしからんと思う方は見ないでください。一応，お断りしておきます。

　さて，これほど違いがある両紙ですから，ドイツではひとりの人間が両方を読むことはまず考えられません。ですが，私は，言語研究のため（決して写真のためではありません），ドイツの駅などで FAZ と Bild を一緒に買うことがしばしばあります。そうすると大抵レジの人にギョッとされます。「この日本人，本当にわかって買っているのか？」という感じなんでしょう。

　日本だとこんなことはないですよね。確かに，朝日，毎日，読売などとスポーツ新聞では紙面がだいぶ違いますが，それは話題が違うのであって，日本語の文法や語彙の選択は別に変わらないと思うのです。まぁ，確かに日本のスポーツ紙でも人前で見られないようなページもありますが，少なくとも一面にはありません。また，たとえば，ドイツでは大学の先生が，Bild を買っているところを学生に見られたら相当恥ずかしいらしいのですが，日本の駅のキオスクでふつうに売っている新聞なら誰が何を買っても恥ずかしくないはずです。

　そういえば，Akademiker と Arbeiter ではアルコールの飲み方も違っているようです。ビールはどちらも飲むのですが，Akademiker はワインを好み，Arbeiter は Schnaps をよく飲みます。実は私はドイツの Schnaps が好きなのですが，あるときドイツの教授何人かと食事しながら，飲み物の話をしているときに，「私はドイツの Schnaps が好きで，ドイツの脂っこい食事のあとに 2 杯ぐらい冷たい Schnaps をキュキュとやるのが堪りません」と思わず言ってしまいました。そのとき，教授の間に流れた冷たい空気をいまだに忘れられません。しばらくして，ひとりの教授が「日本の Akademiker は私たちと少し飲み物の習慣が違うようですな」と言ったのでした。ともかく，こういう点では私は日本人でよかったと思うわけです。

第❿課　格の用法

ポイント！

✱　1格は主語，2格は所有関係，3格は間接目的語，4格は直接目的語を
　表わす。

✱代名詞は1格＞4格＞3格の順で並ぶ。

　ドイツ語の名詞句は1格（主格），2格（属格），3格（与格），4格（対格）
のうちのどれかの格をとります。

　1格は基本的に文の主語を表わす格です。Der Sänger ist sehr berühmt.「そ
の歌手はとても有名です」の der Sänger は1格で，この文の主語です。また，
A ist B. の B の部分（述語補語）も1格です。Er ist ein sehr berühmter Sänger.
「彼はとても有名な歌手です」。

　2格は基本的に所有や所属の関係を表わします。Die Mutter des Kindes
ist Politikerin.「その子の母親は政治家です」。ドイツ語では日本語と違い，
所有を表わす語句が修飾される名詞の後ろに来るのが特徴です。また，ごく
く少数ですが，2格が目的語になる場合があります。j^4 et^2 anklagen「人^4 を
事^2 で訴える」などの法律に関係する動詞などです。

　3格は基本的に間接目的語を表わします。Ich habe dem Kind ein Buch
geschenkt.「私はその子に本をプレゼントした」。この他に，Das Bild gefällt
mir.「私はその絵が気に入った」などの自動詞で3格目的語をとるものもあ
ります。Ich putze mir die Zähne.「私は歯を磨く」などの「所有の3格」に
代表される「自由3格（freier Dativ）」もあります。

　4格は基本的に直接目的語を表わします。Sie liebt den Mann.「彼女はそ
の男を愛している」。nennen など4格を2つとる動詞もあります。Sie
nennen das Mädchen Rotkäppchen.「彼らはその少女を赤ずきんと呼ぶ」。
名詞の場合は，格の形は語順にそれほど影響を与えず，定のものが不定のも
のよりも前に置かれます。人称代名詞の場合は，1格＞4格＞3格の順で並
びます。Gestern habe ich meiner Tochter den Computer gekauft.「昨日私は
娘にそのコンピューターを買った」→ Gestern habe ich ihn ihr gekauft.

ドイツ語の文にしてみよう! ✍

1. 発展途上国では毎年多くの子どもが栄養失調で死んでいる。

検討語句 ╱ *s* Entwicklungsland, sterben, *e* Unterernährung, wegen, an

---

2. 3件の殺人未遂で起訴されていたその40歳の男は，禁錮10年に処せられた。

検討語句 ╱ *r* Mord, versuchen, anklagen, verurteilen, *r* Haft

---

3. 彼女の上司は彼女をクビにするぞと脅かした。

検討語句 ╱ *r* Chef, drohen, bedrohen, *e* Kündigung, *j*⁴ entlassen

---

4. この前の土曜日，私は同窓会に行って，多くの友人に会いました。

検討語句 ╱ *s* Klassentreffen, *j*³ begegnen, *j*⁴ treffen, *sich* mit *j*³ treffen

---

1. 発展途上国では毎年多くの子どもが栄養失調で死んでいる。

→In den Entwicklungsländern sterben jedes Jahr viele Kinder an
　Unterernährung.

　ここでは語順に気をつけてください。「発展途上国では」という部分がこの文のテーマです。何について話すかを最初に言ってから，その内容を続けるのが情報の伝達としては効率がよいわけです。日本語には「は」という便利な助詞があり，何がテーマかを表示することができますが，ドイツ語には1語でそれに相当するものはありません。テーマは，主に文頭の位置が示します。その際，聞き手や読者がわからないと意味がないので，「定」の成分か，heute「今日」など場面からわかる成分がテーマになるのがふつうです。この課題文では当然 in den Entwicklungsländern をテーマとして文頭に置けばいいのです。

　問題は定動詞の後の成分です。?In den Entwicklungsländern sterben viele Kinder jedes Jahr ... と書きたくなるかもしれません。動詞の後に主語を置かなければいけないという呪縛からなかなか逃れられませんからね。しかし，これは文としては不自然です。「多くの子どもが死んでいる」ことと「毎年」を比べると，「毎年」の方が情報として「定」の度合いが高いですね。jeder が付いた名詞は厳密に言うと「定」とは言えないかもしれませんが，少なくとも説明なしで誰でもわかる語句です。それに対して viele Kinder はこの文が新しく述べようとしている情報です。その場合はたとえ主語でも副詞的な成分の jedes Jahr より後に置かれるのが自然なのです。もちろん，「不定」の情報だからで，たとえば，代名詞 sie だったら当然定動詞のすぐ後になければなりません。

　日本語の課題文と語順は変わってきますが，jedes Jahr をテーマにして，文頭に置くのも可能です。

Jedes Jahr sterben in den Entwicklungsländern viele Kinder ....

Jedes Jahr sterben viele Kinder in den Entwicklungsländern ....

　この場合は，in den Entwicklungsländern と viele Kinder は交換可能です。

これまで説明してきた理屈から言えば，in den Entwicklungsländern の方が
「定」の度合いが高く，実際，前に置かれるわけですが，語順のなせるわざで，
viele Kinder in den Entwicklungsländern は「発展途上国の多くの子ども」
として1つの名詞句と考えることができます。それはそれで問題ないわけで
す。それに対して，viele Kinder jedes Jahr というまとまりはありませんね。

　なお，「発展途上国」（または「開発途上国」）は，ずっと以前は，
unterentwickelte Länder「後進国」と呼ばれていましたが，現在ではこの名
称は差別的で使用するのにふさわしくないとされています。また，日本語で
はあまり聞きませんが，ドイツでは Dritte Welt「第三世界」という名称も
よく使われます。ちなみに Erste Welt「第一世界」は資本主義陣営の欧米や
日本などで，Zweite Welt「第二世界」は社会主義（共産主義）陣営のソ連や
東欧諸国を指しました。ソ連がロシアになり，東欧諸国も民主化され，社会
主義から資本主義へと移行するにしたがって，この呼称は意味をなさなくな
ったので，現在では戦後史を語るときぐらいしか使われません。

　さて，「栄養失調で」は an Unterernährung と言います。前置詞の an は「空
間的な接触」という意味を基本にしていますが，それが拡張されて，病気な
どで死ぬ，苦しむという場合にも使われます。

Sein Großvater ist an Krebs / an einem Herzinfarkt gestorben.
彼の祖父は癌／心筋梗塞で亡くなった。

Sie leidet schon lange an Asthma / an einer Essstörung.
彼女はもう長いこと喘息で／摂食障害で苦しんでいる。

　Krebs「癌」や Asthma「喘息」は，特定の病気を表わす固有名詞ですから，
無冠詞で用いられます。それに対して，r Herzinfarkt「心筋梗塞」と
e Essstörung「摂食障害」は，それぞれ r Infarkt「梗塞」，e Störung「障害」
という普通名詞が元になっています。このような病名の場合は，不定冠詞を
付けるのが正しい使い方です。an と使われる場合は，an Herzinfarkt, an
Essstörung と冠詞を省く例も見受けられますが，多くのドイツ語母語話者が
これを完全な間違いと見なすようです。

2. 3件の殺人未遂で起訴されていたその 40 歳の男は，禁錮 10 年に処せられた。

→ Der wegen dreifach versuchten Mordes angeklagte 40-jährige Mann wurde zu zehn Jahren Haft verurteilt.

anklagen「起訴する」という動詞は罪名を 2 格または wegen で表わします。

Man hat den Mann des Mordes / wegen Mordes angeklagt.
殺人罪でその男を起訴した。

この場合，2 格を単独で使う場合は定冠詞を添えます。これは格を明示するためで特定の殺人を指しているわけではありません。ですから wegen だとこの定冠詞は必要なくなりますが，wegen Mordes と 2 格の語尾 -es は付きます。「殺人未遂」はドイツ語では versuchter Mord「試みられた殺人」と言います。「3 件の」は dreifach と言うのが簡明です。よく新聞記事などでは「3 人の子の母親」という場合，eine dreifache Mutter と書いてあるので覚えておきましょう。

さて，anklagen 以外にも anzeigen「告訴する」，beschuldigen「告発する」など，法律関係の動詞は，人を 4 格目的語にして罪名を 2 格にするという特殊な性質があります。この 2 格が最近 wegen に置き換わってきており，anklagen と anzeigen では圧倒的に wegen になっています。beschuldigen はまだ 2 格が使われます。

Der Arzt wurde wegen fahrlässiger Tötung angezeigt.
その医師は過失致死の疑いで告訴された。

Der Staatsführer wurde nach Kriegsende verhaftet und des Landesverrats beschuldigt.
その国家指導者は戦後逮捕され，国家反逆罪で告発された。

解答例では，「3 件の殺人未遂で起訴されていたその 40 歳の男」を冠飾句を使って 1 つの名詞句にしました。

関係文を使うと次のようになります。

Der 40-jährige Mann, der wegen dreifach versuchten Mordes angeklagt worden war, wurde zu zehn Jahren Haft verurteilt.

　この場合「起訴された」のは判決を受ける前ですから，関係文の中は受動態の過去完了形になります。しかし，この文は長すぎてかえってわかりにくくなるので，冠飾句を使った解答例の方が優れています。

　細かいことですが，「… 歳の」と言うとき，アラビア数字を使うときは，この 40-jährig のように数字と jährig の間にハイフン（r Bindestrich）を入れます。数字をドイツ語の綴りで書くときはハイフンは使いません。ein dreijähriges Mädchen「3 歳の女の子」。また，Mann や Frau を省略して der 40-Jährige や der Vierzigjährige とすることもできます。この場合，この -jährig という形容詞が名詞扱いになるので，大文字で始めるのですが，アラビア数字で始める場合は，大文字も小文字もないので，その後を -Jährig と大文字で書くわけです。「20 歳の女性」なら，die 20-Jährige または die Zwanzigjährige ですね。

　「禁錮 10 年に処す」は，j^4 zu zehn Jahren Haft verurteilen と言います。zu は 3 格支配なので Jahren と複数 3 格の -n を付けないといけません。Haft は「同格」で drei Jahren と並んでいると解釈できます。「禁錮 1 年に」なら zu einem Jahr Haft です。

　なお，刑務所などで受刑者を服役させ，その自由を拘束する刑罰を e Freiheitsstrafe「自由刑」と言います。日本語の名称はドイツ語の直訳です。日本では，その自由刑の中で，強制的に労働をさせるものを「懲役」と言い，労働を伴わないものを「禁錮」と言いますが，現在のドイツには「懲役」に相当するものはありません。以前は，s Zuchthaus と呼ばれる刑務所の一種で強制的労働が課される刑があり，これが「懲役」に相当していましたが，1969 年に廃止されました。それ以降，ドイツでは Haft「禁錮」しかありません。

　刑務所は話し言葉では s Gefängnis と言いますが，ドイツでの正式名称は e Justizvollzugsanstalt と言います。ちなみに，オーストリアでは e Justizanstalt，スイスでは e Strafanstalt と言うようです。

3. 彼女の上司は彼女をクビにするぞと脅かした。

→Ihr Chef drohte ihr mit Kündigung. /

Ihr Chef drohte ihr, sie zu entlassen. /

Ihr Chef drohte ihr, dass er sie entlassen würde.

　検討語句にある drohen と bedrohen のどちらを使うべきか悩んだ人も多いと思います。両者は似ていますが，微妙に用法が違います。drohen は 3 格の目的語をとり，①その人があることをすれば罰すると態度で示す，②その人があることをすれば（しなければ）その人の不利益になることをすると言う，この 2 つの意味があります。①は，たとえば，Er drohte mir mit der Faust.「彼は拳で私を脅した」ですね。②が課題のケースです。Ihr Chef drohte ihr mit Kündigung. Kündigung「解雇」するぞと脅かしたのです。この mit の句の代わりに，zu 不定句で，sie zu entlassen ともできますし，dass 文で dass er sie entlassen würde とすることもできます。ここで接続法第 2 式が使われているのは，それが上司の発言の間接話法で，かつ，解雇が必ず行なわれるかはまだ不明だからです。

　これに対し，bedrohen は 4 格の目的語をとり，実際に暴力を使って脅すときに使います。drohen よりも直接的な威嚇です。

Er bedrohte sie mit dem Messer.　彼はナイフで彼女を脅した。

? Er drohte ihr mit dem Messer.

　この例では drohen は不自然です。また bedrohen は，zu 不定句や dass 文はとることができません。*Er bedrohte sie, dass er sie entlassen würde. などは言えないのです。逆に，bedrohen は天変地異などの事象を主語にすることができます。

Das Hochwasser bedrohte die Stadt.　洪水が町を脅かしている。

Epidemien und Naturkatastrophen bedrohen die Menschheit.

疫病と自然災害が人類を脅かしている。

　直接的な bedrohen が事象を主語にすることを不思議に思われるかもしれ

ませんが，主語の性質と 4 格目的語への影響度を考えれば納得できます。つまり，「A が原因で B が影響を受ける」という場合は，A（事象）を 1 格の主語にして，B（影響を受けるもの）を 4 格目的語にして結びつけるのです。いわゆる無生物主語構文はすべてこのパターンになります。

　この例の drohen は「言うことを聞け。さもないと ...」という人間の行為を表わす動詞です。また，zu 不定句や dass 文をとることからもわかるように，sagen「言う」や mitteilen「伝える」のような「発言動詞」と意味的に近いものがあります。そのために，3 格目的語をとるわけです。これで無生物を主語にすると，よっぽどの擬人法でないかぎり，ふつうは奇妙な文になってしまいます。

　この drohen-bedrohen と同様のタイプに raten-beraten があります。raten は 3 格目的語をとり，beraten は 4 格目的語をとります。

Ich rate dir dringend, zum Arzt zu gehen.

絶対，医者に行くことを君にすすめるよ。

Er hat mir zum Kauf des Autos geraten.

彼は私にその車を買うことをすすめた。

Der Fachmann berät mich in Steuersachen.

その専門家が税金のことで私の相談に乗ってくれる。

Sie beraten, was sie nun machen sollen.

彼らは今何をすべきか相談している。

　やはり raten だけが zu 不定句をとり，それは発言内容を表わします。最初の文は，Ich sage dir, dass du zum Arzt gehen solltest. ということです。この内容は，次の文のように前置詞の zu ＋名詞でも表わすことができます。

　これに対して beraten は 4 格目的語の人に助言することによって助けるということを意味します。また，最後の文のように副文をとることはできますが，それは発言内容ではなく，相談の内容となる事柄です。

　be- の付いた動詞は，多くの場合，目的語の状態変化を引き起こします。このタイプの動詞が出てくるたびに，be- が付いてない動詞と意味や目的語の格がどう違うかを辞書でよく確かめる習慣をつけましょう。

4. この前の土曜日，私は同窓会に行って，多くの友人に会いました。

→Letzten Samstag bin ich zu einem Klassentreffen gegangen und habe viele Freunde getroffen.

「この前の土曜日」は前置詞 an を使って am letzten Samstag と言うこともできます。また「同窓会に行く」は auf ein Klassentreffen gehen とも言います。「パーティ」の場合は auf eine Party gehen と言う方が zu einer Party gehen よりも使用頻度は高いですが，同窓会は zu の方が僅かに高いようです。

さて，この問題のポイントは「友人に会う」の部分です。「会う」には，主に j^3 begegnen, j^4 treffen, *sich* mit j^3 treffen の3つがあります。begegnen は「偶然，ばったり会う」を意味します。目的語の人は3格です。また，現在完了形にするときは sein 支配なので注意してください。

Gestern bin ich in der Stadt einem alten Freund begegnet.

昨日，町で古い友人にばったり会った。

treffen は4格の目的語をとる場合と再帰動詞として使われる場合で意味が違います。j^4 treffen は偶然ある人に出会う場合でも，約束して会う場合でも使えます。

Ich habe sie beim Einkauf getroffen.

私は買い物をしているときに彼女に会った。

Wir treffen uns morgen um 10 Uhr am Bahnhof.

明日10時に駅で会いましょう。

上の例は偶然会った場合，下の例は約束して会う場合ですね。また，英語では We will meet tomorrow.「明日会いましょう」のように，主語が複数のとき meet は目的語なしで使いますが，ドイツ語では必ず目的語が必要です。*sich* mit j^3 treffen の再帰動詞は，必ず約束して会うことを意味します。

Ich treffe mich heute Abend mit meinen Freunden.

私は今晩，友人たちと会うことになっています。

　さて，これらを踏まえて，「同窓会で多くの友人と会った」場合はどの動詞を使うべきかを考えてみましょう。まず，同窓会に行けば昔の友人に会うのはわかりきっているので，j^3 begegnen は使えません。同窓会に行って偶然昔の同級生に会った，というのはおかしいですね。そこで残るのは，j^4 treffen か *sich* mit j^3 treffen ですが，クラス会に行けば友人に会うのはわかっているけれど，具体的に誰と会うかは行ってみないとわからないことが多いのではないでしょうか。それで解答例では j^4 treffen にしてあります。ただし，同窓会に行くのをきっかけとして，たとえば特に仲のよかった数人ときちんと会う約束をしていたのなら，*sich* mit j^3 treffen になります。

Letzten Samstag habe ich mich auf einem Klassentreffen mit meinen alten Freunden getroffen.

この前の土曜日，クラス会で昔の友だちと会った。

　なお，begegnen も treffen も目的語として人間だけでなく，事物もとります。begegnen は，予期しない悪いことに出合う場合や，ある事態に対処するという意味になります。treffen は，何かを当てる，何かを行なうという意味になります。

So einem arroganten Verhalten bin ich noch nie begegnet.

こんな生意気な態度に私はこれまで出合ったことはない。

Er ist allen Schwierigkeiten mit Umsicht begegnet.

彼はすべての困難に慎重に対処した。

Mit diesem Geschenk hast du genau das Richtige / meinen Geschmack getroffen.

このプレゼントはまさにぴったりのもの／私の趣味にあったものだ。（まさしく正しいもの／私の趣味を君は当てた）

Wir müssen Vorkehrungen treffen.

私たちは予防策を講じないといけない。

　この他，treffen を使った機能動詞構文がたくさんあります。

ポイント！

❋　３・４格支配の前置詞は到着点指向

❋空間の用法が基本で，抽象的な用法へと拡張していく。

　　ドイツ語の格は４つですが，それだけでは到底すべての文法的な関係や空間の位置関係，論理関係などを表わすことはできません。それらは主に前置詞によって担われます。とくに，３・４格支配の前置詞は基本的な空間の関係を表わす重要なものです。これらは，ある動作がある場所で〈静止〉していると見なされれば３格支配になり，ある場所に向かって〈移動〉すると見なされれば４格支配になります。Der Hubschrauber fliegt über der Stadt.「ヘリコプターはその町の上空を飛んでいる」に対して，Das Flugzeug fliegt über die Stadt.「飛行機はその町の上空を飛んでいく」です。もちろんヘリコプターも空中でずっと静止しているわけでなく，旋回しながら飛んでいますが，町の上空にとどまっているので über の後は３格になります。

　　これらの前置詞は，空間を表わす用法を基本として，時間や因果関係などさまざまな関係に対して用法を拡大していきます。これらは一見すると暗記するしかなさそうですが，基本用法と必ずなんらかの関わりがあります。an を例にとりましょう。Bonn liegt am Rhein.「ボンはライン川に接している」は基本となる空間の用法です。そこから，Am Montag bin ich zu Hause.「月曜日は私は家にいます」は時間の用法，Ich erkenne sie sofort an der Stimme.「私は彼女だとすぐに声でわかる」は手段の用法，Der Schriftsteller schreibt an einem neuen Roman.「作家は新しい小説をずっと書いている」は継続の用法です。an Asthma leiden「喘息で苦しんでいる」という用法はすでに見ましたね。これらは抽象的だとはいえ，やはり空間の「接触」の意味をなんらかの形で保持していることがわかります。

　　一度，辞書をよく見て，それぞれの前置詞で用法の広がりを整理してみてください。図示するのも効果的です。

ドイツ語の文にしてみよう! ✍️

1. その飛行機は無事に滑走路に着陸した。

〔検討語句〕 sicher, e Landebahn, landen

---

2. (娘が好きになった男を気に入らない父親が娘に向かって)

いったいそいつのどこがいいんだ？　私にはただの女たらしにしか見えないぞ。

〔検討語句〕 gefallen, wo, was, r Schürzenjäger

---

3. (妻が夫に) ちょっと子ども部屋の子どもたちを見てきて！

〔検討語句〕 einmal, s Kinderzimmer, sehen

---

4. ドイツの宿泊料金は 2010 年の 1 月から 2 月にかけて 1 パーセント上昇して 91 ユーロになった。

〔検討語句〕 r Übernachtungspreis, steigen, auf, von, um

1. その飛行機は無事に滑走路に着陸した。

→Das Flugzeug ist sicher auf der Landebahn gelandet.

　3・4格支配の前置詞は物事が行なわれる場所を表わすときは3格と，到着点や方向を表わすときは4格と結びつきます。動作の捉え方が3格をとるときは「静止」，4格をとるときは「移動」だと言い換えることもできます。しかし，これがわかりにくい場合があります。

　典型的なのは，kommen「来る」と ankommen「到着する」の違いですね。kommen は移動の表現ですが，ankommen は「静止」として捉えられます。

Er kommt um 10 Uhr vor das Hotel.

彼は 10 時にそのホテルの前に来る。

Er kommt um 10 Uhr vor dem Hotel an.

彼は 10 時にそのホテルの前に到着する。

Wann kommt sie nach Japan?　　彼女はいつ日本に来るのですか？

Wann kommt sie in Japan an?　　彼女はいつ日本に到着するのですか？

　ホテルの前に来るのも到着するのも日本語で考えると大した違いはありませんが，3・4格支配の前置詞は，kommen の場合は vor das Hotel，ankommen の場合は vor dem Hotel になるわけです。Japan のような地名の場合は kommen が nach で，ankommen が in になるので，前置詞自体が異なってきます。

　課題文の「着陸した」も日本語で考えると「移動」のようですが，ドイツ語の感覚では「静止」です。滑走路の上において着陸という出来事が起こるのですね。ですから，auf die Landebahn ではなく，auf der Landebahn としなければいけません。一般的にドイツ語では「消失・出現」を静止状態での出来事と捉える傾向があります。

Die Sonne geht im Osten auf und im Westen unter.

太陽は東から昇り，西に沈む。

　日本語では「東から」と「西に」ですが，ドイツ語では両方とも im

Osten と im Westen です。「東において昇り，西において沈む」わけですね。これを *Die Sonne geht aus dem Osten auf und in den Westen unter. とは言いません。

　他の例を見てみましょう。まずは消失からです。

Die Sonne verschwand hinter den Wolken.　太陽が雲の後ろに隠れた。

Der Täter ist im Wald verschwunden.　犯人は森の中に消えて行った。

Er hat in seiner Tasche eine Kamera versteckt.
彼は自分のバッグの中にカメラを隠した。

　やはり 3・4 格支配の前置詞では 3 格が使われます。ただし，2 番目の文では，in den Wald と言えないこともありません。この場合，「移動」が非常に強調されます。それに対して最初の「太陽」の例文で，?? Die Sonne verschwand hinter die Wolken. とは言いません。もし，そう言うと，おとぎ話の世界で，太陽がかくれんぼをしていて，雲の後ろに隠れに行ったという意味になるようです。3 番目の文の「隠す」は他動詞ですが，これもある種の消失です。やはり静止として捉えます。課題文は「出現」の一種だと考えてください。他の例に次のものがあります。

Am Horizont ist ein Flugzeug erschienen.
地平線に 1 機の飛行機が現われた。

Plötzlich tauchte ein Bär vor ihm auf.
急に彼の前に 1 頭の熊が現われた。

　この熊の例は，私たちにも静止した場所だと捉えられるでしょう。それまで何もなかったところに急に熊が現われたわけですから。それに対して課題文の landen「着陸」の場合を「静止」と考えるのは慣れないと少し大変かもしれません。どうしてもそれまでの飛行機の動きを考えてしまうからですね。しかし，landen ということに限って言えば，「滑走路の上において行なわれる」と言うことなのです。「消失・出現は静止」ということを頭に入れて，このような例が出てくるたびにチェックしてみてください。語感がついて，自然とそのように捉えられるようになってきます。

2.（娘が好きになった男を気に入らない父親が娘に向かって）

いったいそいつのどこがいいんだ？　私にはただの女たらしにしか見えな
いぞ。

→Was gefällt dir denn an ihm? Ich sehe nur einen Schürzenjäger in ihm.

世の父親は一度ならずこういう台詞を吐くのでしょう。私にも年頃の娘が
いるので，こういう例文がすぐに浮かんでしまいます。さて，最初の文では，
まず主語と構文をどうするのかを決めないといけません。当然ながら日本語
で「どこ」となっていても wo を使っては文になりません。日本語は人間の
性質などを場所として表現するのが多いのです。「どこがすき？」「優しいと
ころ」という具合です。しかしドイツ語では，*Wo magst du von ihm? と
いう文は根本的にあり得ません。

そこで主語は was にして，動詞は gefallen を使います。「どこがいい？」
を Was gefällt dir? とするわけです。疑問文における「いったい」という強
めには denn がよく使われます。この場合は wirklich も使えます。ポイント
は「そいつの」の部分です。これは von ではなく an を使って，an ihm と
言います。ここには〈全体〉と〈部分〉の関係がありますね。〈そいつ〉が
全体で〈何〉がその一部と考えられます。このような関係はよく an によっ
て表わされるのです。

Das Schönste an der Sache ist, dass es überhaupt nichts kostet.
そのことの最もすばらしい点はそれが一銭もかからないということだ。

An diesem Buch ist nicht viel.　この本は大したものではない。

an は空間の接触を表わしますが，意味が広がっていっても抽象的にはあ
る事柄に接触している，関わっているという点は共通して持っています。
Sie ist an der Arbeit.「彼女は仕事中だ」や An der Geschichte ist nichts
(dran).「その話には何の根拠もない」という用法もありますし，動作が完了
しないで従事していることも表わします。Er schreibt immer noch an seiner
Dissertation.「彼はいまだに博士論文を書いている」。

日本語では〈彼の〉〈どこ〉と言いますが，ドイツ語では <was><an ihm>

です。人間である「彼」に「接触している性質」と考えるわけです。これも「彼」を前置詞で表わす一種の「場所化」と言えます。日本語では性質を〈どこ〉と場所にするのに対して，ドイツ語ではその所有者を場所にするという点で発想が逆になっています。なかなか興味深いですね。

　さて，２番目の文はこのように in を使うとすっきり訳せます。直訳すると「私は彼の中に女たらししか見えない」ということです。最初の文では彼の持つ性質（の一部）が問題になっていました。それで〈全体〉―〈部分〉を表わす an を使うのですが，ここでは「彼＝女たらし」で，〈表面（に現われている全体）〉―〈（内部に隠されている）全体〉という関係になっています。「ある人間の内部にあるものを見いだす」ということで，in j^3 j^4/et^4 sehen の構文が使われるのです。

Hitler sah in Roosevelt seinen größten Feind.
ヒトラーはルーズベルトを最大の敵だと思っていた。

Die Polizei sieht in dem Mann den Kopf der Terroristengruppe.
警察はその男をテロリストグループの首領だと見ている。

　この場合は，ある人がある人をどう判断するかという認識が問題になっていますが，ある性質を持つ人間が何かをする場合には，mit が使われます。

Mit Angela Merkel wurde die erste Frau ins Bundeskanzleramt gewählt.
アンゲラ・メルケルにより女性が初めて首相に選ばれた。

Mit ihm ist ein großer Künstler gestorben.
彼の死により偉大な芸術家が失われた。

　この mit の用法を知らないと，アンゲラ・メルケルと一緒に最初の別の女性が首相になったと勘違いしてしまいそうです。Angela Merkel = die erste Frau です。なお，この ins Bundeskanzleramt gewählt werden は，直訳すると，「連邦首相庁の中に選ばれる」ですが，これで首相になることを表わします。an と in と mit を使いこなせるようになってください。

3.（妻が夫に）ちょっと子ども部屋の子どもたちを見てきて！
→ Sieh bitte einmal nach den Kindern im Kinderzimmer!

　日本語の「見る」に対応するドイツ語の動詞は sehen なのですが，きちんと使うには注意が必要です。というのも「見る」は意図的な動作ですが，sehen は目的語によって意図的か意図的でないかが変わるからです。

　4格目的語をとるときは基本的に意図的でないことを表わします。つまり，「見える」という意味になります。

Von hier aus sieht man den Fuji.　ここから富士山が見える。

Bei dem Nebel sehe ich nichts.　この霧では私は何も見えない。

　両方とも können を使って，Von hier aus kann man den Fuji sehen. や Bei dem Nebel kann ich nichts sehen. と言っても同じ意味になります。

　sehen が4格目的語をとって意図的行為を表わすのは，限られた場合だけです。① r Film「映画」, e Oper「オペラ」などを鑑賞する，体験するという場合，②人に会う場合，③ある事柄を経験する場合，④ある事柄を認識する場合，の大きく分けて4つです。

① **Ich sehe gern Filme.**　私は映画を見るの好きだ。
② **Morgen sehe ich ihn.**　明日，私は彼に会います。
③ **Das muss man gesehen haben.**
　それは見て（体験して）おかなきゃいけない。
④ **Sieh nicht alles negativ.**　なんでも悲観的に見るなよ。

　つまり，単純に，意図的にあるものを視界に捉えるという意味では，sehen は4格目的語をとらないのです。

　では，「彼は壁掛け時計を見た」というのはどう言うのでしょうか？

Er hat die Wanduhr gesehen.　壁掛け時計が見えた。

Er hat auf die Wanduhr gesehen.　壁掛け時計を（意図的に）見た。

　やはり die Wanduhr を4格目的語にして言うと，見るつもりは特になか

ったけれど，視界の中に壁掛け時計が入ったということを表わします。時間を確かめるために壁に掛かっている時計を見たという意図的な動作なら，auf die Wanduhr と言います。この場合，視線が壁掛け時計に対して直角に当たるイメージがあるので前置詞 auf を使いますが，これはもちろん見る対象によって変わります。「穴の中を見る」ならば ins Loch sehen ですね。具体的にどの前置詞を使うかはともかくとして，sehen が意図的な動作を表わすときはとにかく前置詞目的語をとるということが重要です。英語では，see が意図せずに見ること，look が意図的に見ること，さらに watch が動きを伴うものを意図的に見ることを表わすというように，動詞を使い分けることによって動作の「意図性」を表わすのに対して，ドイツ語の sehen は前置詞を付けるかどうかによって表わすのです。

　さて，課題文ではもちろん子どもたちの姿を特段の意図なしに視界に捉えるという意味ではなく，「子どもたちの様子を見に行く」ということです。この場合は前置詞として nach を使います。ただ見るだけなく必要に応じて面倒を見るということまで含みます。

Solange Sie verreist sind, werde ich nach Ihren Blumen sehen.
あなたが旅行している間，私があなたの花の面倒をみてあげますよ。

Sie sieht nach ihrer kranken Mutter.
彼女は病気の母親の世話をしている。

日本語で「...をちょっと見ていて」と言うときに，この nach *et*³ sehen を使えばいいわけです。

Sieh bitte einen Augenblick nach der Misosuppe. Ich gehe kurz auf die Toilette.　ちょっと味噌汁見ていて。トイレに行ってくるから。

これは auf *et*⁴ aufpassen を使って，Pass bitte auf die Misosuppe auf. とも言えます。ただし，こちらはその味噌汁がすぐにも吹きこぼれる可能性が高いことが意味されます。とにかく Sieh bitte die Misosuppe. なんて言ったら，吹きこぼれてもぼーっと見ていて何もしてもらえなくなってしまいます。前置詞があるかないかは大問題なのですよ。

4. ドイツの宿泊料金は 2010 年の 1 月から 2 月にかけて 1 パーセント上昇して 91 ユーロになった。

→Die deutschen Übernachtungspreise sind 2010 von Januar auf Februar um ein Prozent auf 91 Euro gestiegen.

　主語は Die Übernachtungspreise in Deutschland としても同じです。どちらにしても定冠詞は必要です。「ドイツの」ということで他の国の宿泊料金と区別されているからです。

　「1 月から 2 月にかけて」の部分は von Januar bis Februar とも言えますが，この場合は auf を使う方がより自然です。時間に関して，von A bis B と言うと「A から B の間ずっと」ということで，ある状態が継続しているときに使われる傾向があります。たとえば 11 月から 2 月までという場合です。

Der Zoo ist von November bis Februar geschlossen.
動物園は 11 月から 2 月まで閉園しています。

　それに対して von A auf B は 2 つの連続した時間をまたいでというときよく使われます。たとえば日曜から月曜にかけてという場合です。

In der Bank wurde in der Nacht von Sonntag auf Montag eingebrochen.
その銀行は日曜から月曜にかけての夜に強盗に入られた。

　課題文では「1 月から 2 月にかけて」という連続した期間ですから auf を使う方が多いわけです。「1 月から 3 月」ならば，von Januar bis März の方が多く使われます。

　さて，この課題のポイントは，数字の変化の表わし方です。von A um B auf C で「A から B の分だけ C になる」を表わします。A が最初の数字，B が差異，C が最終の数字です。

von 100 um 80 auf 180 steigen　100 から 80 増えて 180 に上昇する
von 200 um 20 Prozent auf 160 sinken
200 から 20 パーセント減少して 160 になる

　実際は von A auf C とか，um B, auf C など，ABC のうちの１つか２つだけ言うことが多いので，この前置詞の意味をしっかり覚えておくことが重要です。um だけが出てくる例です。

Ich habe mich um 3 Euro verrechnet.
私は３ユーロ分計算を間違ってしまった。

Die Zinsen wurden um einen Prozentpunkt gesenkt.
利息は１パーセントポイント引き下げられた。

sich verrechnen は「計算間違いをする」という再帰動詞です。このように「sich + ver- の付いた動詞」で，「... し間違う」になります。この場合，um 3 Euro ですから，３ユーロ分計算が違っていたわけです。um の後はこのように差異を表わす数字の場合もありますし，課題文のようにパーセンテージの場合もあります。

　利息の文で，パーセントとパーセントポイントを混同しないようにしましょう。３パーセントの利息を２パーセントにする場合，１パーセント引き下げるのではなく，１パーセントポイント引き下げるわけです。３パーセントの１パーセントは 0.03 パーセントですからね。ドイツ語でも s Prozent と r Prozentpunkt で使い分けます。とはいえ，ほとんどの日本人がこの例で「１パーセント引き下げる」と間違って言うように，ほとんどのドイツ人も Die Zinsen wurden um ein Prozent gesenkt. と言ってしまうようなので，専門家でもない限り神経質にならなくてもいいのかもしれません。

　では，anwachsen「成長する」を使って，同じ「... になる」でも auf と zu が使い分けられる例を見ましょう。最終的な数字を挙げるときは auf，変化して別の形状になるときは zu を使います。

Die Bevölkerung des Landes ist auf fünfzig Millionen Einwohner angewachsen.
その国の人口は５千万人に増加した。

Der Sturm ist zu einem gefährlichen Hurrikan angewachsen.
その嵐は危険なハリケーンに成長した。

ポイント！

✸影響を受ける人を３格で表わす。

✸因果関係があるときは無生物でも主語になる。

　「歯を磨く」や「肩をたたく」など身体部位に対する行為を表わす場合には，よく対象となる人を３格で表わします。たとえば，Ich putze dem Kind immer die Zähne.「私はいつも子どもの歯を磨いてやる」のように言います。このような３格を「所有の３格」と呼びます。身体部位を２格にして，?Ich putze immer die Zähne des Kindes. とも言えますが，これは「歯」だけに焦点が当たっていて不自然になります。歯を磨けば当然その子どもにも影響を与えるからです。

　逆に無生物に対してはこのような働きかけはできません。Ich putze das Fenster des Zimmers.「私はその部屋の窓を磨く」という文を，*Ich putze dem Zimmer das Fenster. と言うことは決してできません。「所有の３格」はあくまでも人間（および感情があると認識されている動物）にしか使えません。

　「自分の身体部位に … する」場合の「所有の３格」は当然３格の再帰代名詞になります。Nach jedem Essen putzt sie sich die Zähne.「毎食後，彼女は歯を磨く」。

　また，ドイツ語では，日本語と違い無生物でも他動詞の主語になります。特に，ある物・事が原因であることが起きたという因果関係を表わすときに無生物主語がよく使われます。Ein Unfall hatte ihre Karriere beendet.「ある事故により彼女のキャリアはだめになった（←ある事故が彼女のキャリアを終わらせた）」。Ihre Nähe beängstigte ihn.「彼女のそばにいると彼は不安になった（←彼女の近くが彼を不安にさせた）」。

　日本語では無生物を主語にした他動詞の文はあまり好まれず，「… なので」と理由として表わされます。このようなときに，ドイツ語では無生物を主語にした文を作るとすっきりと表現できます。

ドイツ語の文にしてみよう！ 🖎

1. （久しぶりに会った男性の友人に）お前，口ひげ生やしてんの？　似合わない
から剃っちゃえば？

> 検討語句／ r Schnurrbart, lieber, wachsen, rasieren, abrasieren, j^3 stehen,
> j^3 passen, nicht so, irgendwie

---

2. 私は料理をしているとき包丁で指を切ってしまった。

> 検討語句／ beim Kochen, s Kochmesser, r Finger, schneiden

---

3. 夏休みは実家に帰ります。

> 検討語句／ pl Sommerferien, s Elternhaus, zurückfahren

---

4. ぼくは，大学にいるので，勉強のことが，さしあたりは気になる。学問を
すればするほど賢くなる，なんてのは嘘だ。（中略）知識があるために，も
のの見えないこともある。技術があるために，うまいやり方をしないこと
もある。それにしても，やはり人間は，知識を求め，技術を身につけようと，
していくよりない

> 検討語句／ s Wissen, e Technik, s Verfahren, $sich^3$ et^4 aneignen

---

1. （久しぶりに会った男性の友人に）お前，口ひげ生やしてんの？　似合わない
　 から剃っちゃえば？

→Du lässt dir einen Schnurrbart wachsen? Rasier ihn dir lieber ab, der
　steht dir nicht so.

　身体の部分に対する行為を表わす場合，よく「所有の３格」と呼ばれる３
格が使われます。「ひげを生やす」は，*sich³* einen Bart wachsen lassen と言
います。ここでは３格の再帰代名詞になります。「生やす」は，「成長する」
を表わす wachsen に lassen を付け加えて表現します。lassen は一般的に「使
役」の助動詞で「させる」と訳されますが，強制的に誰かにあることをさせ
るという意味になることは滅多になく，ふつうは，誰かがしたいことを邪魔
しないという意味で使われます。この場合は，ひげを剃らずに伸びるままに
しておくということですね。髪の毛でも同じことです。

Sie lässt ihre Haare einen Monat lang wachsen.
彼女は１か月間，髪の毛を伸ばす。

**Es gibt zwar Mittel, die den Haarausfall verlangsamen können, aber es
gibt leider keine, die neue Haare wachsen lassen.**
抜け毛を遅くすることができる薬は確かにあるが，残念ながら新しい毛を生やす薬はない。

　日本語では「髪の毛を伸ばす（＝切らないでおく）」と「（新しい）髪の毛
を生やす」は違うことですが，ドイツ語ではどちらも wachsen lassen です。
下の文のような特定の文脈がなければ，切らないでおく，という意味になり
ます。

　さて，課題の最初の文を疑問文にして，Lässt du dir etwa einen Schnurrbart
wachsen? と言うこともできます。この場合，etwa を付けて，「口ひげなん
てものを生やすのか」というニュアンスを出すといいでしょう。自分として
は感心しないという感じが出ます。しかし，ちょっと驚きを込めて言うのが
目的ですから，語順は平叙文にして文末を上げ気味に発音する方が自然です。

　「口ひげ」は *r* Schnurrbart と言います。*r* Oberlippenbart とも言います。
日本語では「上唇」は赤い色をした部分だけですが，ドイツ語では鼻の下の

ひげが生えている部分も *e* Oberlippe なのですね。また，ここでは「口ひげ」に不定冠詞を付けるのが自然です。定冠詞を付けると「その」口ひげを生やすのか，と言うことになってしまうからです。

　他のひげも見ておきましょう。あごに生えているのが *r* Kinnbart「あごひげ」ですが，その中でも先がとがっているのを特に *r* Spitzbart と言います。「頬ひげ」が *r* Backenbart で，頬もあごもすべて生やしているのが *r* Vollbart です。日本語ではなんて言うのでしょうね。辞書を引いてみたら「総ひげ」と載っていましたが，少なくとも私は聞いたことはありません。「ひげを剃り落とす」は *sich*³ den Bart abrasieren と言います。これは自分のひげを剃り落とすから再帰代名詞ですが，もちろん，「私は彼のひげを剃り落とす」なら，Ich rasiere ihm den Bart ab. となります。なお，これは口ひげなど，特に生やしているひげを剃り落とすときの言い方です。習慣としてひげを剃るなら，再帰動詞の sich rasieren を使います。*r* Bart という名詞は使いません。なお，脚など身体の部位も目的語になります。このときはやはり所有の３格を使います。

| **Ich rasiere mich jeden Tag.** | 私は毎日ひげを剃ります。 |
| **Sie rasiert sich die Beine.** | 彼女は脚の毛を剃る。 |

　石鹸やシェービングフォームを使ってひげを剃ることを nass rasieren と言い，電気カミソリで剃るのは trocken rasieren と言います。確かに顔を湿らすか乾いたままで剃るかの違いですが，ちょっと面白いですね。ちなみに私は，Ich rasiere mich nass. です。男性の読者の方々，nass 派ですか，trocken 派でしょうか。

　なお，「似合う」は *j*³ stehen です。ここでは Der steht dir nicht so. としてあります。so は「今のその感じでは」ということで，少し表現を和らげています。Der steht dir irgendwie nicht. と irgendwie「なんとなく」を付けるとさらに控え目な表現になります。これは女性が好んで使う言い方のようです。*j*³ passen はサイズ的に合うことを表わしますが，Das passt nicht zu dir. と zu *j*³ passen を使うと「似合う」の意味になるのでこれも使えます。

2. 私は料理をしているとき包丁で指を切ってしまった。

→Ich habe mir/mich beim Kochen mit dem Kochmesser in den Finger
geschnitten.

　これを Ich habe mir ... den Finger geschnitten. とはしないでください。こ
れだと指をすべて切り落とすということになってしまいます。おぞましいで
すね。さらにそれを表わしたかったら，schneiden ではなく，abschneiden
を使います。*sich³ et⁴* schneiden「自分の身体部位⁴を切る」で目的語として
入るのは *s* Haar「髪の毛」や *r* Fingernagel「指の爪」です。

　身体部位に対する行為を表わすには大きく2つの表現パターンがありま
す。1つは *j³/sich³ et⁴*，つまり，人間を3格で身体部位を4格で表わすもの
です。上で挙げた髪の毛や爪を切るという以外に次のようなものがあります。

Ich wasche mir die Hände.	私は手を洗う。
Das Kind putzt sich die Zähne.	その子は歯を磨く。
Sie färbt sich die Haare blond.	彼女は髪の毛をブロンドに染める。

　この構文が使われるのは，ふつう対象となる身体部位が物理的に変化して
いるときです。洗ったり磨いたりすることによって手や歯はきれいになりま
すね。髪の毛を染めるという場合ももちろん色が変わるわけです。この場合，
その色を表わす形容詞を添えます。この構文を使えば，ある行為をした結果，
身体の部分が変化したということも表わせます。

Er hat sich die Füße wund gelaufen.
彼は歩きすぎて足をけがしてしまった。

Ich habe mir die Finger wund gegoogelt.
私はグーグルで検索しすぎて指がおかしくなった。

　sich die Füße wund laufen はよく使う表現です。「歩きすぎて足に水ぶく
れができる」というのは *sich* die Blasen laufen と言います。この Blasen「水
ぶくれ」はいわゆる「結果目的語」です。グーグルの例は，実際は私が
googeln「グーグルで検索する」して見つけたものです。wund というのは

ちょっと大げさな気がしますが，血が出るだけでなく，内部に炎症を起こしているというのも wund に入りますから，指が腱鞘炎になるのも言えます。この本を書いている今，必死でキーを叩いているので，Ich tippe mir die Finger wund. にならないように気をつけないといけません。このように「*sich*＋身体部位＋変化した状態＋行為を表わす動詞」を使えばいろいろなことが言えます。

　次に，身体部位に対する行為を表わすもう１つの構文が，「*j*³/*sich*³＋方向を表わす前置詞＋身体部位」です。身体部位が前置詞句になっているところが違います。

Er klopft seinem Kollegen auf die Schulter.　　彼は同僚の肩をたたく。

Er sieht ihr in die Augen.　　　　　　　　彼は彼女の眼を見る。

　この構文は身体部位が物理的な変化を被らないときに使われます。ちょっと叩かれたくらいで肩をけがすることはないですし，見られたからといって眼の形や色が変わることもないでしょう。このときは，前置詞を使わないといけないのです。

　さて，「指を切る」はたとえ全部切り落とさなくても，けがはするだろうから物理的に変化しているじゃないか，と思うかもしれません。しかし，*j*³/*sich*³ *et*⁴ の構文では，その物理的変化が身体部位全体に及んでいると見なされるかどうかが問題なのです。「包丁で指を切る」というのは，確かに痛くて血も出るかもしれませんが，やはり指の一部の変化です。局所的な変化で，指全体の形や状態が変わったとは見なされないのです。それで，*sich* in den Finger schneiden と言うのです。

　おもしろいことに，この場合，人間は４格でも表わされます。mir/mich in den Finger schneiden で，mir でも mich でも可能です。切るなどある程度影響度が強い場合にはこれが可能です。それに対して，「見る」など影響力の弱い行為の場合は３格しか使えません。いくら視線が強くても *Ich sehe sie in die Augen. とは言えないのです。行為の強さにかかわらず３格はいつも使えますから，わからないときは３格にしましょう。

3. 夏休みは実家に帰ります。

→In den Sommerferien fahre ich zu meinen Eltern.

　「実家」ということで，??In den Sommerferien fahre ich zu meinem Haus. としたくなるかもしれませんが，これは意味不明です。これでは自分の家がどこかにあって，普段は別のところに住んでいるが，夏休みはその家の様子を見に行ってくる，という意味にしかなりません。zu meinem Elternhaus「両親の家に」と言えばまだしもですが，やはり不自然です。それは「家」が前面にでているからです。両親の所有している家に行っても両親は留守しているということもあり得ます。ドイツ語では，このような場合，「人」を中心にします。「実家」に行くということは「両親のところ」に行くということですから，zu meinen Eltern fahren とするのが自然なのです。

　「両親のところ」という表現でわかるように，日本語では人間を直接移動の到着点として表わさず，必ず場所を示す語句を添えます。Komm zu mir! は「*私に来て」ではなく，「私のところに来て」ですよね。この「ところ」は「家」にもなるわけです。「私の新居に遊びに来てよ」というのは，つぎのように言います。

Komm mich doch mal in meiner neuen Wohnung besuchen.

??Komm doch mal zu meiner neuen Wohnung.

*Besuch doch mal meine neue Wohnung!

　訪ねる先はあくまでも「私」であって「私の家」ではないわけです。上の文は Besuch mich doch mal in meiner neuen Wohnung. とも言えますが，kommen を付けると「遊びに来て」の「来て」をよく表わすことができます。なお，語順をよく見てください。代名詞はなるべく文の前の方に置かれますから Komm のすぐ後ろが mich になるのです。2 番目の文は単に私の新居に来いと言っているだけで，何のためかがわかりません。3 番目の文は論外です。これでは私の家がまるで人間みたいで，家に向かって「こんにちは，遊びに来ました」と言うような感じです。besuchen の目的語が人間以外になるのは，ein Konzert / einen Gottesdienst besuchen「コンサート／礼拝に

行く」などの催し物か，eine Schule / ein Seminar besuchen「学校／ゼミに行く」などの教育機関やそこで行なわれる授業の場合だと思ってください。

　これがわかれば，たとえば，「私は昨日友人の家に泊まった」という文も自然な訳し方がわかるでしょう。

Ich habe gestern bei meinem Freund / bei meiner Freundin übernachtet.
??Ich habe gestern im Haus meines Freundes/meiner Freundin übernachtet.

　このときは移動ではないので bei を使います。やはり，「家」を出すと非常に不自然です。

　では，たとえば，「私の自宅に電話してください」というときはどう言えばいいでしょうか。もちろん，*Rufen Sie bitte mein Haus an! とは決して言いません。家が人間みたいです。anrufen の目的語はあくまでも人間です。こう言います。

Rufen Sie mich bitte zu Hause an!

　「私の自宅」を mich と zu Hause の組み合わせによって表わすのです。このように日本語では場所として表わしているものをドイツ語では「人間＋場所」に分解して表わすことが多いのでこれを覚えておくといいですね。ちなみに，外にいて，これから自宅に電話する，つまり，自宅にいる家族の誰かに電話するという意味で，「今から家に電話する」はこう言います。

Ich rufe jetzt zu Hause an.　(Ich rufe jetzt nach Hause an.)

　ドイツ語母語話者の多数派は zu Hause anrufen を使いますが，nach Hause anrufen も間違いではありません。少なくとも *Ich rufe mein Haus an. と言わないのはいいですね。SF かホラーの世界になってしまいます。

　なお，zu Hause anrufen は「家に電話する」であって，「家にいて電話する」の意味には絶対になりません。もし，「私は自宅から電話します」と言いたければ，Ich rufe von zu Hause (aus) an. です。

4. ぼくは，大学にいるので，勉強のことが，さしあたりは気になる。学問を
   すればするほど賢くなる，なんてのは嘘だ。（中略）知識があるために，も
   のの見えないこともある。技術があるために，うまいやり方をしないこと
   もある。それにしても，やはり人間は，知識を求め，技術を身につけようと，
   していくよりない。

→Da ich an der Universität bin, beschäftigt mich momentan das
   Studium (die Wissensaneignung). „Je mehr Wissenschaft man
   betreibt, desto klüger wird man", aber das ist eine Lüge. Wissen
   macht uns manchmal (auch) blind. Und Technik hindert uns bessere
   Verfahren anzuwenden. Und trotzdem gibt es für den Menschen keine
   andere Wahl, als nach noch mehr Wissen zu streben und sich Technik
   anzueignen.

　これは森毅さんの『雑木林の小道』（朝日新聞社刊）の一節で，東京大学の
入試問題として使われていたものを引用しました。このような文を訳すとき
に大切なのは，主語を何にして，どのような構造の文を作るかという「戦略」
を立てることです。また，もとの日本語がそもそも何を言いたいのかを解釈
しないといけません。その点，これはいくら東大の入試問題とはいえ，非常
に不親切ですね。わざといろいろな解釈ができる文を持って来て，受験生が
どう訳すかをみたいのでしょう。
　最初の文から見ていきましょう。「僕は大学にいるので」は，物理的に大
学の構内にいるのではなく，大学生か大学の先生かということですね。前者
なら，da ich an der Universität studiere ですし，後者なら，... arbeite また
は lehre となりますが，この文を見る限りどちらともとれます。それで
... bin とごまかします。これならどちらの場合も間違いではないですからね。
　問題は次です。「勉強のことがさしあたり気になる」というところです。「さ
しあたり」がよくわかりませんね。「今現在は」ということで，momentan
または gegenwärtig を使いました。そして，「気になる」の部分は，事柄を
主語にして j^4 beschäftigen を主語にするとうまく訳せます。ここでは，「大
学での勉学」ということで das Studium を主語にしました。または，一般的

な「知識の習得」ということで，die Wissensaneignung やもっと簡単に言うなら das Lernen とすることも考えられます。いずれにせよ，語順に気をつけてください。..., *beschäftigt das Studium momentan mich. とは言いません。mich は代名詞ですから，名詞より前に置くのがいいのです。それにこの場合，情報の流れとして，気になる対象を後に持ってくる方がいいわけです。なお，この文全体を，...., beschäftigt mich nichts dringlicher als die Frage nach der Wissensaneignung. とも訳せます。dringlich は「心に迫ってくる」という意味の形容詞です。「知識の習得の問題ほど心に迫って来るものはない」ということですね。

　2番目の文で「学問をする」は Wissenschaft betreiben というのがいいでしょう。machen でも通じますが，幼稚な感じがします。

　次の文を，??Wenn man Wissen hat, gibt es manchmal die Dinge, die man nicht sehen kann. というのは論理が不明になります。「人が ... なら」と言っておきながら，客観的に存在を表わす es gibt を使うのがおかしいのですね。ふつうは知識があればあるほどものはよく見えるという前提を私たちは持っています。それに対して，その知識があることこそがものを見えなくさせているとここでは言いたいわけですね。そのようなときは，「知識があるために」を副文にせずに，*s* Wissen「知識」を主語にしてしまえばあとがすっきりします。「ものが見えないことがある」は，j^4 blind machen「人^4 を盲目にさせる」を使えばよいわけです。Liebe macht blind.「恋は盲目」というように，一般論を表わすときはこの j^4 は省略できますが，問題文では uns を加えて，Wissen macht uns manchmal blind. とすることもできます。manchmal は「ときどき，... ということもある」という副詞ですから，auch は省略しても日本語の「も」が表わせます。

　つぎの「技術があるために ...」も *e* Technik を主語にすればうまくいきます。「j^4 hindern + zu 不定句」で，「人^4 が ... するのを妨げる」ということです。この場合も一般論では j^4 は省略できますが，解答例では読者を含めた自分たちのことだと表わすために uns を入れてあります。

　残りの部分はいろいろと訳し方があるので，ここでは解説しきれませんが，ひとつの例だと思って参考にしてください。

どのくらい勉強するとドイツ語は身につくか？

　最近，外国語の習得に関する研究は急激に進んできていますが，それでもどのくらい勉強すると，どのぐらいのレベルになるかというちゃんとした数字はないようです。学習者のタイプや，学習の目的，学習の仕方など，あまりにも考慮しなければならない条件が多すぎて，単純に話を進められないからでしょう。

　というわけで，この種の話題をする場合によく引き合いに出されるのが，アメリカ国務省の研修機関のカリキュラムです。それによると，英語を母語とするアメリカ人が，ドイツ語やフランス語を勉強すると720時間で上級レベルに達するが，日本語など英語から最も離れているグループの言語の学習では720時間だとやっと初級を終えるぐらいで，上級レベルに達するには3倍以上かかるそうです。

　これをもとにすると，日本人が英語を習得するのも同じぐらいかかると考えてもよさそうです。よく「中学と高校で6年も英語を勉強してきたのに，大学に入っても全然英語ができない」と言われますが，もし授業だけしか英語を学習しないとすると，週に4時間×35週×6年＝840時間にしかなりません。これでは，初級から中級に入ったくらいなので，計算は合っていることになります。

　いろいろなところで言われていることを総合して考えると，目安として，ある外国語でとりあえず意思疎通できるレベルに達するには1000時間の学習が必要で，ビジネスで使えるぐらいのレベルになるには2500時間の学習が必要みたいです。1000時間というと毎日3時間必ず勉強して約1年ということですね。

　さて，恥ずかしながら，ここで私の経験をお話ししましょう。よく，先生になるともう勉強しないと思われるようですが，そんなことは全くありません。私は，今でも，1日平均3時間はドイツ語を勉強しています。授業や研究でドイツ語に触れている時間や，本書の執筆のような時間を足せばもっと多いでしょう。とは言っても，3時間必ずしも机に向かっているわけではありません。「スキマ時間」を最大限活用しています。電車の中でドイツ語の

本を読む，スマホで Podcast のドイツ語のニュースを歩きながら聞いてシャドーイングしたりする時間を全部集めると 3 時間ぐらいかな，と思うわけです。ちなみに，歩きながらシャドーイングするのは危ないので，皆さんはまねしないでください。集中すると，周りへの注意が散漫になります。私はシャドーイングまではなんとか大丈夫ですが，一度，ドイツのニュースを聞いて日本語に同時通訳しながら歩いていたら，電柱にぶつかってしまいました。それが車だったらと思うとぞっとします。それに，ぶつぶつ言いながら歩いていると，周りからも危ない人だと思われるので，そういう練習は家でするのが一番です。

　さて，私は，大学で本格的に始めてからこれまで 40 年間ドイツ語を勉強しています。1 年でだいたい 1000 時間勉強しているとして，4 万時間です。人間が生まれてから毎日 12 時間母語に接するとしましょう。単純計算すると，最初の 9 年間で，12 時間 × 365 日 × 9 年 = 39420 時間になります。要するに，これだけ勉強して，私はやっとドイツの 9 歳児と同じだけドイツ語に触れたわけです。

　なんか，こう考えると，私の人生は一体何なのかという気がしないでもないですが，まぁ，ドイツ語の先生が人生について考え始めるとろくな事がないのでやめておきます。とにかく，こうして考えてみると，母語と外国語というのは違うなぁと思います。ドイツの 9 歳児が言語学の論文を読んだり，書いたりできるとは思えないので，そういう面での言語能力は私の方が上だと言えますが，自然さや流暢さという面では，もう完全に 9 歳児に負けているでしょう。

　まぁしかし，外国人として，特に日本人として，ドイツ語ができることに意味があるので，9 歳児と勝負しても意味はないでしょう。

　私の経験で言えば，なんとか言いたいことが言えるようになるまで 4000 時間かかり，通訳で曲がりなりにもお金が稼げるようになったのが 6000 時間ぐらいのときです。ニュースで言っていることがすべて理解できるようになったのはつい最近で，辞書を一回も引かずにドイツの小説を読めるようになったのは ... まだです。

ポイント！

✴物事を，動作の受け手を主語にして表現したいときに受動態を使う。

✴主語が自分自身に対して行なう行為を表現したいときに再帰構文を使う。

✴再帰構文には自動詞的なものも多くある。

　物事の表わし方にはいろいろあります。最も基本的な表わし方は能動態です。これは「ある人（事）があることをする」という，動作を行なう人（事）［＝動作主］を主語にして表わすものです。Thomas Mann schrieb diesen Roman.「トーマス・マンがこの小説を書いた」。これに対して，動作の受け手［＝被動作主］を主語にして表わすのが受動態です。Dieser Roman wurde von Thomas Mann geschrieben.「この小説はトーマス・マンによって書かれた」。受動態は，「過去分詞 + werden」で作られます。動作主を明示したければ von を使います。それが動作をする人と言うより，「原因」と考えられるときは durch を使います。Viele Häuser wurden durch den Krieg zerstört.「多くの家が戦争によって破壊された」。

　受動態は，誰がその行為を行なっているか不明であるとき，あるいは，表わす必要がないときに，とりわけ使われます。たとえば，Hier wird eine U-Bahn-Station gebaut.「ここに地下鉄の駅が作られている」という場合，誰が作っているのかは問題になりませんね。あえて言えば man で，実際，Hier baut man eine U-Bahn-Station. とも言えます。ただこちらは誰と明示していないにせよ，動作主を主語にしている点が受動態と違います。

　主語が自分自身に対してある行為を行なうときに再帰構文を使います。Ich wasche mich.「私は身体を洗う」と言う場合，waschen という行為は主語自身に対して行なわれています。Ich wasche mir die Hände.「私は手を洗う」では，主語の身体の一部に対する行為を表わしています。この場合，3格の再帰代名詞が使われています。

　再帰代名詞を持つ動詞の中には *sich* ereignen「起こる」のように，他動詞用法がなく，純粋に再帰動詞としてしか使われないものもあります。

ドイツ語の文にしてみよう！

1. その新しい技術はますます大きな抵抗に遭っている。多くの人が自分たち
のプライバシーが侵害されると感じているからだ。

検討語句 / *e* Technik, zunehmend, *r* Widerstand, *e* Privatsphäre, stoßen, verletzen, fühlen, sehen

---

2. (料理のレシピ) 最初にジャガイモ，ニンジン，タマネギの皮をむき，小さく
切ります。次に肉を炒めます。ジャガイモ，ニンジン，タマネギを加えます。

検討語句 / *e* Kartoffel, *e* Möhre, *e* Zwiebel, schälen, schneiden, dazugeben

---

3. ドイツ人の大多数は豚インフルエンザの予防注射を受けようとしなかった。

検討語句 / *e* Mehrheit, *e* Schweinegrippe, impfen, *e* Impfspritze

---

4. 知らないところから手に入れたファイルを開いたり，インストールしたり
することは絶対に避けた方がよい。

検討語句 / öffnen, installieren, *e* Datei, *e* Quelle, vermeiden, sollen

---

1. その新しい技術はますます大きな抵抗に遭っている。多くの人が自分たち
   のプライバシーが侵害されると感じているからだ。

→Die neue Technik stößt zunehmend auf Widerstand, weil viele Leute
   sich in ihrer Privatsphäre verletzt fühlen. / ..., weil viele Leute ihre
   Privatsphäre verletzt sehen.

「抵抗に遭う」は auf Widerstand stoßen と言うのが自然です。auf et^4
stoßen は，auf Erdöl stoßen「偶然石油を見つける」のようにも使いますが，
多くの場合，「よくないものに（予期せず）遭う」の意味で使われます。
zunehmend は量的に増大していることを表わします。

Sind Sie im Ausland schon einmal auf Schwierigkeiten gestoßen?
あなたは外国で困ったことがありますか？

**Der Politiker ist durch seine umstrittenen Äußerungen auf Kritik
gestoßen.**   その政治家は問題発言で批判にさらされた。

さて，この問題のポイントは次の「多くの人が自分たちのプライバシーが
侵害されると感じているからだ」の部分です。これを，weil viele Leute
fühlen, dass ihre Privatsphäre verletzt wird と言えないこともありません。し
かし，fühlen の dass 文は，感じる人の身体の調子などは言いません。たと
えば，?Ich fühle, dass es mir besser geht. というのは奇妙で，そう言うぐら
いなら，Ich fühle mich besser.「気分がよくなった」と，再帰構文を使うの
です。「プライバシー」というのは，その人の身体のように切り離せないも
のなので，fühlen の dass 文に入れない方がいいのです。

　その方法は2つあります。1つは，再帰構文にすることです。つまり，「プ
ライバシーが侵害される」ということは「自分がプライバシーにおいて侵害
される」とドイツ語では考えるわけです。「私」を主語にすれば，Ich fühle
mich in meiner Privatsphäre verletzt. になります。これは,〈全体〉と〈部分〉
の関係でもあります。つまり，自分の一部がどうこうであると感じるときに，
「Ich fühle mich ＋場所＋様態」と表わすのです。次の例でその感覚をつか
んでください。

Ich fühle mich am Bauch immer noch zu dick.
私はお腹がまだまだ太すぎると感じている。

Sie fühlt sich in ihrem Stolz als Frau sehr gekränkt.
彼女は女性としてのプライドをひどく傷つけられたと感じている。

　この例を見ると身体部位の「お腹」も精神的な「プライド」も同様に主語の人間の一部であり，同じ構造で表現されることがわかりますね。解答文の「プライバシー」もこの延長上です。

　もう1つは，「プライバシーを侵害されたと見る」ということで，Ich sehe meine Privatsphäre verletzt. となります。解答の文は，主語が viele Leute で weil の副文にしたものです。このタイプの例を見てみましょう。

Er sieht seine Zukunft schwarz.　彼は自分の将来を悲観している。
Nachdem ich die Information bekommen habe, sehe ich mich bestätigt.
その情報を得てから，私は自分が正しかったと思っている。

　この構文の形容詞（および他動詞の過去分詞の形容詞的用法）は，目的語に関係する補語となっているのが特徴です。つまり，Seine Zukunft ist schwarz. や，Ich bin bestätigt. と言えないとこの構文は使えないということです。

　さて，これまで見てきた2つの構文は全く違うようですが，dass 文ではなく4格目的語を持っている点で共通しています。

　fühlen が dass の副文をとるのは比較的少ないのですが，自分の身体や精神以外の事柄で，自分が感じ取れることには使えます。たとえば，サッカーの元ドイツ代表キャプテンで，1990年のワールドカップでドイツを3度目の優勝に導いたローター・マテウス（Lothar Matthäus）が，2009年に自分より26歳も若い女性と結婚するときに言った言葉はかなり話題になりました。

Ich fühle, dass sie die Richtige ist.
私は，彼女が（自分にとって）正しい女性だと感じる。

2. （料理のレシピ）最初にジャガイモ，ニンジン，タマネギの皮をむき，小さく
　　切ります。次に肉を炒めます。ジャガイモ，ニンジン，タマネギを加えます。

→Zuerst werden Kartoffeln, Möhren und Zwiebeln geschält und klein
geschnitten. Dann wird das Fleisch gebraten. Kartoffeln, Möhren und
Zwiebeln werden dazugegeben.

肉じゃがの作り方ですね。このような料理のレシピにはよく受動態が使わ
れます。もちろん，Sie を主語にすることもできます。

Schälen Sie zuerst Kartoffeln, Möhren und Zwiebeln und schneiden Sie
sie klein. Dann braten Sie das Fleisch. Geben Sie Kartoffeln, Möhren
und Zwiebeln dazu.

　実際，このように書いてあるレシピもあります。
　しかし，レシピの場合，受動態を使うといろいろ便利なことがあるのです。
Sie を主語にした命令形を使うと，「あなたは...しなさい，次に...しなさい」
とずっと言うことになります。気にしない人はいいですが，鼻につき始める
といやになります。ですから，動作主を明示しない方がいいこともあるわけ
です。それに，Sie の命令文を見てわかるように，料理のレシピでは材料を
挙げて，それを「皮をむいて，細かく刻んで...」と指示が続くときに，いち
いち動詞と主語の Sie を文頭で繰り返すということになってしまいますね。
日本語だと動詞が文末にくるのでこういう問題は全くありません。「ジャガ
イモは皮をむきます」というのは誰かが（もちろん，レシピを読んでいる「あ
なた」が）やる行為ですが，それを意識させることなく書いていけます。
　ドイツ語でこれをやるには方法は2つで，1つはこの受動態です。最初に
材料を主語にしてそのつぎに werden を置くと，あとは動詞の過去分詞を文
末にいくつでも重ねられます。こういう構造的な利点が受動態にはあるわけ
です。もう1つの方法は，すべてを動詞句にしてしまうことです。

Zuerst Kartoffeln, Möhren und Zwiebeln schälen und klein schneiden.
Dann das Fleisch braten. Kartoffeln, Möhren und Zwiebeln dazugeben.

　この文体もレシピにはよく現われます。動詞句では動詞が最後に来るので
やはり便利なのです。このやり方は簡潔でいいのですが，反面ぶっきらぼう
でもあります。最終的には，レシピを書く人の好みということになります。
　なお，ここに出てきたジャガイモ，ニンジン，タマネギはレシピなどでは
ふつう複数形で書かれています。1 個のジャガイモだけで作る料理というも
のがないということもありますが，ジャガイモを 1 個単位で買うことがない
ということも影響しているのでしょう。ドイツのスーパーに行けばわかりま
すが，ジャガイモは基本的にキロ単位で売られています。ニンジンは 1 本か
らでも買えますが，大抵は何本かをまとめた束（r Bund）になっています。
また，タマネギはネット（s Netz）に入っていることが多いです。

**Ich kaufe zwei Kilo Kartoffeln, einen Bund Möhren und ein Netz
Zwiebeln.**
私はジャガイモ 2 キロ，ニンジン 1 束とタマネギを 1 ネット買います。

　ここにはまた料理でよく使われる語彙が出てきました。schälen はこれ自
体で「皮をむく」という動詞です。目的語は皮をむく野菜や果物がきます。
Kannst du bitte den Apfel schälen?「このリンゴの皮をむいてくれない？」。
klein schneiden が「細かく切る」。この他に，in Scheiben schneiden「輪切
りにする」，in Stücke schneiden「切り分ける」，in Würfel schneiden「さい
の目切りにする」，in Streifen schneiden「細切りにする」も覚えておくと
いいでしょう。みじん切りまで細かくなると hacken と言います。Zwiebeln
hacken「タマネギをみじん切りする」，das Fleisch hacken「肉を挽く」です。
挽き肉は s Hackfleisch ですね。
　braten はオーブンの中で焼くほか，フライパンなどで油を使って熱を加
えること全般を指しますから，s Schnitzel「カツレツ」などは braten するも
のです。frittieren「揚げる」は，完全に油の中で揚げたものが浮くようなと
きに使います。

3. ドイツ人の大多数は豚インフルエンザの予防注射を受けようとしなかった。

→**Die Mehrheit der Deutschen wollte sich nicht gegen die Schweinegrippe impfen lassen.**

「予防注射を受ける」ということで，eine Impfspritze bekommen を使いたくなるかもしれませんが，この例では不自然です。もともと j^4 impfen 「人^{4}に予防注射をする，免疫をつけさせる」という動詞があるのに，わざわざ Impfspritze と言う必要がないのもありますが，bekommen という動詞の性質も関係します。bekommen の主語は基本的に意図的に行為をしているわけではありません。つまり，日本語の「受け取る」には，まだしも受け取る方の働きかけが考えられますが，bekommen は受け身なのです。たとえば,誰かがあなたに賄賂のお金を渡そうとします。それに対してあなたが，「そんな金は受け取れない」というときはなんと言うでしょうか？

*Ich bekomme das Geld nicht.

Ich nehme das Geld nicht an.

このとき bekommen は絶対に使えません。もし，仮に使うとすると，「私には誰もそのお金をくれないんだ」という意味で，「私はそのお金をもらえない」ということを表わします。つまり，賄賂を拒絶するどころか，もらえないことを嘆いていることになるのです。

Obwohl ich viel gearbeitet habe, bekomme ich dafür kein Geld. Die Firma ist pleite.

たくさん働いたのに私はお金をもらえないんだ。会社が倒産してしまったから。

これに対して，自分の意志であるものを受領するというときは annehmen を使います。

ですから bekommen を日本語に訳すときも「もらう」や「与えられる」とする方がしっくりすることが多いのです。たとえば，母子手帳などに子どもが予防接種を受けたということを記載するのに，Philipp hat heute die erste Impfspritze bekommen.「フィリップは今日最初の予防接種を受けた」

と書くのはよいのですが，意志の表示として ?Die Mehrheit der Deutschen wollten die Impfspritze nicht bekommen. と書くのは不自然なのです。

　それで impfen を使うわけですが，*Die Mehrheit der Deutschen wollte nicht impfen. はもちろんいけません。これでは他の人に注射したがらないということになってしまいます。impfen は他動詞ですからね。

　また，Sie wollten sich nicht impfen. と再帰動詞にすると，自分で自分に予防注射をするのはいやだと言っていることになります。誰か他の人（この場合，医師）に注射をさせるのですから，*sich* impfen lassen としなければなりません。*sich* lassen は受動的な表現ではありますが，自分の意志も含まれているのです。たとえば，次の例を見るとわかるでしょう。

Ich lasse mich von dir nicht herumkommandieren!
お前の指図なんか受けない！

Struwwelpeter kämmt sich nicht und lässt sich auch nicht kämmen.
もじゃもじゃペーターは自分の髪の毛をとかさないし，他の人にもとかさせない。

　Struwwelpeter は Hoffmann という人の書いた子どもの本に出てくるキャラクターで，髪もとかさないし，爪も切らない，汚らしい少年です。さて，課題文は受動態を使って言うこともできます。

Die Mehrheit der Deutschen wollte nicht gegen die Schweinegrippe geimpft werden.

　ただ，受動態はやはり受け身ですから，nicht geimpft werden wollen は「予防注射されたくない」ということになります。「積極的に断る」という点を出したければ，やはり *sich* lassen の構文を使う方がしっくり来ます。逆に，Wer geimpft werden will, kann geimpft werden. 「予防接種を受けたいと思う人は受けることができる」という文で使えばしっくり来ます。受動態と *sich* lassen の構文は主語が意図的に行為を行なっているかどうかという点で違いがあるのです。

4. 知らないところから手に入れたファイルを開いたり，インストールしたり することは絶対に避けた方がよい。

→Das Öffnen oder Installieren von Dateien, die man aus unbekannten Quellen erhalten hat, sollte unbedingt vermieden werden.

　インターネットは便利ですが危険も含んでいます。特に知らない人から送りつけられてきたファイルを開けるなんてもってのほかですね。この文では，「ファイルを開いたりインストールしたりすること」という動詞句を主語にして，それを避けた方がいい，という文にします。Das Öffnen oder Installieren von Dateien, ... sollte unbedingt vermieden werden. 日本語では「避けた方がよい」というのは能動か受動かちょっとはっきりしないところがありますが，ドイツ語で文を作るときは間違えてはいけません。「避けられるべき」ということですから，sollte vermieden werden とならないといけません。man を主語にして全体を能動文にすることもできます。

Man sollte es unbedingt vermeiden, Dateien, die man aus unbekannten Quellen erhalten hat, zu öffnen oder zu installieren.

　「ファイルを開いたりインストールしたりする」の部分は vermeiden の目的語の zu 不定句になります。この能動文を見ると，少し冗長でインパクトに欠けるのがわかると思います。文の最初では「避けた方がいい」と言って，何をかは最後になって初めてわかります。それに，「知らないところから得た」という副文は man を主語にしていますから，man が 2 つでてきてまどろっこしいですね。文法的にはどちらでも構わないのですが，受動文の方がすっきりしていることは明らかでしょう。また，誰かに助言を与えるときは sollte を使います。soll だと誰かの意志を表わすことになり，ここでは不自然です。もっと強く言いたいのならば müssen を使うこともできます。... muss unbedingt vermieden werden. となります。

　なお，上の文では，zu 不定句を先取りする形式目的語の es を置く方が多いのですが，なくても大丈夫です。zu 不定句や dass の副文が後に来るとき，いつ es が表われるかどうかは微妙な問題で，最終的には動詞ごとに覚える

しかないのですが，傾向はあります。

　まず，lieben と hassen のように好きか嫌いかを表わす動詞の場合は必ず es が表われます。付けないと文法的に間違いになります。

Ich liebe es, im Sommer abends bequem im Garten zu sitzen.
私は夏の夕方に庭でゆったりと座っているのが大好きです。

Sie hasst es, früh aufstehen zu müssen.
彼女は朝早く起きなければいけないのが大嫌いだ。

　逆に sagen「言う」，mitteilen「伝える」，berichten「報告する」など，ある事柄を伝えるという意味を持つ動詞には es は付けません。

Er hat mir gesagt, dass er wieder kommen würde.
彼はまた来ると私に言った。

Teilen Sie ihm bitte mit, wann und wo wir uns treffen werden.
私たちがいつどこで会うか彼に伝えておいてください。

　問題文の vermeiden「避ける」や ablehnen「断る」など事柄を回避すること表わす動詞や，versprechen「約束する」，akzeptieren「受け入れる」など事柄を遂行することを表わす動詞は，es は付けても付けなくてもいいのですが，どちらかと言うと，前者は付けて，後者は付けない傾向があります。

Ich lehne es ab, darüber zu diskutieren.
私はそれについて議論するのを拒否します。

Ich verspreche dir, pünktlich zu kommen.
私は時間通り来ることを君に約束するよ。

Du musst akzeptieren, dass man daran nichts ändern kann.
それが変えられないということを君は受け入れなければならない。

　また，aus unbekannten Quellen という表現も便利なので覚えておいてください。対象が人間でも組織でも書物やインターネットでも，とにかく情報源ということで *e* Quelle が使われます。

第❹課 役割が変わるもの

ポイント！

❊ 時間，理由，条件などを表わす副文を，名詞化によって前置詞句で表わすと文がすっきりする。

❊ ドイツ語は日本語より名詞化をよく行なう。

　「電車が出発しますので，注意してください！」という駅のアナウンスをドイツ語でどう言うでしょうか？　??Weil der Zug jetzt abfährt, seien Sie bitte vorsichtig! というのは，文法的には完全に正しい文であるにも関わらず，絶対に言いません。Vorsicht bei der Abfahrt des Zuges! がふつうです。Vorsicht「注意」，Abfahrt des Zuges「電車の出発」という2つの名詞句によって，アナウンスにふさわしい簡潔な表現ができあがります。

　副文では従属接続詞を用いますが，名詞句では当然前置詞を使うことになります。während er studiert → während seines Studiums のように，接続詞と前置詞がたまたま同じ形をしていることもありますが，多くの場合は違いますから，対応関係をきちんと覚えておくことが重要です。

　時間を表わす場合では，従属接続詞 bevor「... する前」，nachdem「... した後」は，それぞれ前置詞 vor と nach になります。理由を表わす場合の「... なので」は，従属接続詞が weil または da で，前置詞が wegen になります。条件を表わす場合の「... のときは」は，従属接続詞は wenn ですが，前置詞だと bei です。Wenn sich viele Leute für die Ausstellung interessieren, wird sie verlängert.「多くの人が興味を持てば，その展覧会は延長されます」は，Bei großem Interesse wird die Ausstellung verlängert. となるわけです。ここで「大きな興味の際には」となるように，副文を前置詞句にするときは，機械的に書き換えられる場合だけではなく，意味を考えてふさわしい形容詞を追加するということも必要になります。

ドイツ語の文にしてみよう! 🖋

1.（電子機器などの説明書の文章）最初に使用する前に，バッテリーを 1 度完全に充電してください。

検討語句／r Akku, vollständig, e Benutzung, benutzen, aufladen

2. その計画を実行するためには莫大な金額が必要だ。

検討語句／enorm, e Summe, durchführen

3. 2010 年 3 月に発表された研究によるとアメリカ合衆国では 2 歳から 19 歳の少年の 7.3 パーセントと少女の 5.5 パーセントが極度に肥満である。

検討語句／e Studie, r Junge, s Mädchen, extrem übergewichtig, veröffentlichen, im Alter

4. 借家人は基本的には引っ越す際に改装の義務はない。しかし，日本では支払った敷金を返してもらえることは残念ながらほとんどない。

検討語句／r Mieter, e Renovierung, e Kaution, zurückbekommen, einziehen, r Einzug, umziehen, r Umzug, ausziehen, r Auszug, verpflichtet sein, aber, trotzdem

1. （電子機器などの説明書の文章）最初に使用する前に，バッテリーを１度完全に充電してください。

→Vor der ersten Benutzung sollte man den Akku einmal vollständig aufladen.

　名詞化は表現を簡潔にできる利点があります。あまり多用すると論文調の堅い文体になりますが，ドイツ語では日本語よりはずっと多く名詞化が使用されます。

　この例では「最初に使用する前に」の部分を名詞化するといいでしょう。もちろん副文を使って言うこともできます。

Bevor man dieses Gerät zum ersten Mal benutzt, sollte man den Akku einmal vollständig aufladen.

　名詞化した vor der ersten Benutzung よりずいぶん長いですね。それにはいくつか理由があります。多くの他動詞では目的語が省略できません。この例でも，*Bevor man zum erstem Mal benutzt, sollte man den Akku einmal vollständig aufladcn. とは言えません。「何を？」と聞き返したくなります。それで，たとえ日本語になくても，dieses Gerät「この機械」などの目的語を補わないといけません。

　それに対して，名詞化すると，必ずしも vor der ersten Benutzung dieses Gerätes と言わなくても，vor der ersten Benutzung だけで大丈夫になります。この２格はいわゆる「目的語的２格」ですが，本当の目的語，つまり，動詞の目的語ではありません。あくまでも名詞の修飾成分ですから，状況からわかれば省略してもよいのです。これは重要な点なので是非覚えておいてください。

　さらに，名詞化した文と動詞を使った文を見比べてみると，die erste Benutzung が zum ersten mal benutzen となっていることにも気がつきますね。erst をそのまま使って，*Bevor man erst dieses Gerät benutzt とは言えません。副詞の erst は，「まずは」という意味か，「... になって初めて」という意味で使われます。

Ich muss mir das erst überlegen.

私はまずそれをじっくり考えてみないといけない。

Ich will erst morgen abreisen.

私は（今日ではなく）明日になってから出発したいのです。

動詞句では zum ersten Mal と s Mal を補わないといけません。なお，前にも書いたように，zum ersten Mal はある行為を意図を持って初めて行なうときに使い，das erste Mal はその意図は特に明示しないときに使います。

Als ich sie das erste Mal getroffen habe, war sie noch Studentin.

私が彼女に初めてあったとき，彼女はまだ学生だった。

Als ich zum ersten Mal mit ihr ausgegangen bin, war ich sehr nervös.

私は初めて彼女とデートしたとき，とてもあがっていた。

ちなみに本論とは全く関係ない余談ですが，ドイツ語では日本語の「デートをする」にぴったりあう言葉はありません。確かにドイツ語でも英語の s Date は使えますが，*ein Date machen とは言わず ein Date haben です。Morgen habe ich ein Date.「明日はデートだ」のように予定を言うようなときに使います。ですから，上の例文のように過去を振り返って「初めてデートしたとき」は，ausgehen「出かける」を使うのがいいのです。

　さて，本題に戻りましょう。解答文では sollte を使っていますが，「... する方がよい」は empfehlen の非人称表現を使うこともできます。

Es empfiehlt sich, vor der ersten Benutzung den Akku vollständig aufzuladen.

　文字通りには「自ずと推薦される」ということですね。ich empfehle や wir empfehlen と言うことにより個人的な意見のように聞こえるのが好ましくないと思えば，このような非人称表現を使うといいでしょう。最後に，「バッテリー」は e Batterie ですが，パソコンや携帯電話のバッテリーは r Akku (Akkumulator の略) と言う方が多いようです。「バッテリーを充電する」は den Akku aufladen,「バッテリーが空だ」は，Der Akku ist leer. と言います。

2. その計画を実行するためには莫大な金額が必要だ。

→Zur Durchführung des Plans ist eine enorme Summe Geld nötig.

「... するために」と目的を表わすにはいくつか方法があります。まずは um ... zu 不定句ですね。これを使えば「その計画を実行するためには」の部分は，um den Plan durchzuführen になります。上の文でこれを使うこともできます。副文にするときは damit を使いますが，このときは「実行できるように」ということで können を使う方が自然です。

> **Damit der Plan durchgeführt werden kann, ...**
> **Damit man den Plan durchführen kann, ...**

副文ですからやはり長くなります。ここでは「zur + ...ung の付いた名詞」というパターンを使いこなせるようになりましょう。多くの動詞の語幹に -ung を付けると，その動作を表わす名詞，つまり，動作名詞になります。die Schmerzen lindern「痛みを和らげる」→ die Linderung der Schmerzen「痛みの緩和」です。この動作名詞の前に zu を付けると，定冠詞と融合して zur になり，この表現が生まれるのです。

> **Zur Linderung der Schmerzen muss der Patient die Tabletten drei Mal pro Tag einnehmen.**
> 痛みを和らげるためその患者はその錠剤を 1 日 3 回服用しなければならない。

課題文では zur Durchführung des Plans「その計画の実行のためには」を使っています。これを 1 語にして，zur Plandurchführung と言えないこともないですが，避けた方がいいでしょう。このように，意味的に目的語の部分（ここでは Plan）を ...ung の名詞の先頭に持ってきて 1 つの合成語にするのは，表現の簡潔さゆえに，最近ビジネス文書や公文書で広まっていますが，非常にわかりにくく大げさな表現になります。Duden の *Richtiges und gutes Deutsch* という巻には，はっきりと「避けた方がいい」と書かれています。いくらドイツ語が名詞化好きでもやり過ぎはいけないということですね。確かに，その辞書に例として挙げられている Zurverfügungstellung「使用に供

すること（← *et*⁴ zur Verfügung stellen）や Verantwortlichmachung「責任を取らせること（← *j*⁴ verantwortlich machen)」は，ちょっとやり過ぎですね。合成語にする部分が目的語ならまだしもわかりますが，前置詞句や形容詞の部分ですからね。私たちもこれはまねするのはやめておきましょう。仰々しくならない程度に簡潔に，これが名詞化の極意です。

　それから，「莫大な金額」ですが，eine enorme Summe Geld の Geld は文脈からお金のことを言っていると明らかなら省略することも可能です。enorm の代わりに beträchtlich も使えます。また，話し言葉では hübsch や schön も「かなり」という意味で量を表わす名詞の修飾語として使われます。

Du brauchst dafür eine hübsche Summe Geld.
それにはかなり金がかかるよ。

Ich habe ein hübsches Stück Arbeit.　仕事が無茶苦茶ある。

　また，「必要だ」の部分を brauchen を使って訳すこともできます。この場合，接続法第 2 式を用いることもできます。

Zur Durchführung des Plans braucht / bräuchte man eine enorme Summe Geld.

　brauchen は規則変化（弱変化）動詞ですから，その接続法第 2 式は本来は brauchte ですが，現実にはほぼ 100 パーセント母音をウムラウトさせた bräuchte が用いられます。単なる過去形との混合を避けるのと，brauchen が助動詞的な性質を持っているためだと思われます。Duden の *Richtiges und gutes Deutsch* の巻には，bräuchte ははっきりと「間違い」と書いてありますが，そう思っているのは辞書を作っている人たちだけではないかと思います。少なくとも話すときは，bräuchte を使う方が誤解がなくていいでしょう。ドイツ語も少しずつ変わっているのです。

　とにかく，接続法第 2 式を使うと，「もしこの計画を実行するとすれば」という仮定の意味が強く出ます。

3. 2010年3月に発表された研究によるとアメリカ合衆国では2歳から19歳
   の少年の7.3パーセントと少女の5.5パーセントが極度に肥満である。

→Nach einer im März 2010 veröffentlichten Studie sind in den USA 7,3
Prozent der Jungen und 5,5 Prozent der Mädchen im Alter von 2 bis
19 Jahren extrem übergewichtig.

「2010年3月に発表された研究によると」の部分を冠飾句をうまく使う
とすっきり訳すことができます。nach einer [im März 2010 veröffentlichten]
Studie で，このカッコの部分が冠飾句と呼ばれる長い修飾語句です。もちろ
ん，関係文を使って，nach einer Studie, die im März 2010 veröffentlicht
wurde，とすることも可能です。こちらはわかりやすい反面やや長くなりま
す。どちらを使うべきかは一概には言えませんが，学術的，ジャーナリステ
ィックな文体では冠飾句が好まれ，日常的な文体，とくに話し言葉では関係
文の方が好まれます。話し言葉ではどちらも使わず，文を2つや3つにする
こともあります。上の文をそのようにしてみましょう。

In den USA sind 7,3 Prozent der Jungen und 5,5 Prozent der Mädchen
im Alter von 2 bis 19 Jahren extrem übergewichtig. Darüber hat man im
März 2010 eine Studie veröffentlicht.

違いは明らかですね。どっちがよいというものではなく，文体に応じて使
い分けられるようになりましょう。

この冠飾句では過去分詞が形容詞的に使われていますが，これには2つの
場合があります。1つは，この例のように，他動詞の過去分詞で，受動的な
意味になります。関係文で表わしてみるとよくわかります。

eine im März 2010 veröffentlichte Studie
← eine Studie, die im März 2010 veröffentlicht wurde

die letztes Jahr in Japan hergestellten Waren
← die Waren, die letztes Jahr in Japan hergestellt wurden
昨年日本で製造された製品

　もう１つは，sein 支配の自動詞の過去分詞で，これは完了の意味になります。

die gerade aufgegangene Sonne
← die Sonne, die gerade aufgegangen ist　たった今昇った太陽

die 1912 versunkene Titanic
← die Titanic, die 1912 versunken ist　1912年に沈んだタイタニック号

　これに対し，haben 支配の自動詞の過去分詞は名詞を修飾できません。「眠った赤ちゃん」という意味で，*das geschlafene Baby とは言えません。das Baby, das geschlafen hat と，関係文でしか言えません。「眠っている赤ちゃん」なら現在分詞で das schlafende Baby とは言えます。
　最近私が気がついたこの規則に対する（たぶん）唯一の例外は stattfinden です。これは haben 支配なのになぜか過去分詞が名詞を修飾できます。

die vorige Woche stattgefundene Sitzung
← die Sitzung, die vorige Woche stattgefunden hat.
　先週開催された会議

なぜこれが言えるのかよくわかりません。なお，同じ意味で，規則通り die vorige Woche stattfindende Sitzung と現在分詞でも言えます。
　最後に「... によると」の部分で nach を使いましたが，これは laut を使うこともできます。こちらの方が少し堅い感じがしますが，誤解の余地はありません。というのも，よく参考書や教科書で見かける ??Nach dem Wetterbericht soll es heute regnen. 「天気予報によると今日雨が降るらしいです」というのは，私が聞いたドイツ人によると奇妙に聞こえるそうです。nach dem Wetterbericht と聞いた瞬間に「天気予報の後で」と思ってしまうのが原因のようです。laut (dem) Wetterbericht といえば誤解の余地はありません。なお，laut のときは定冠詞はよく省略されます。

4. 借家人は基本的には引っ越す際に改装の義務はない。しかし，日本では支
払った敷金を返してもらえることは残念ながらほとんどない。

→Die Mieter sind beim Auszug eigentlich nicht zu einer Renovierung
verpflichtet. Trotzdem bekommt man in Japan leider nur selten die
gezahlte Kaution zurück.

　まぁ事情はドイツでもあまり変わらないようで，家主 (Vermieter) と借家
人 (Mieter) が何を負担するかはよく揉めるようです。さて，ここではまず「引
っ越す際に」というところに注目してください。「引っ越す」は，いつも
umziehen，名詞は r Umzug だとは限りません。そもそも ziehen だけでどこ
そこに移動するという意味を持っているわけです。それに場所の変化を表わ
す前つづりの um- が付いてこの分離動詞ができあがっています。引っ越す
とは「A から B に」住居を移すことですが，「A から引っ越す」つまり「出
て行く」ことに焦点を当てる場合には ausziehen と言うわけです。逆に「B
に引っ越す」つまり「入居する」に焦点を当てれば einziehen です。この A
にも B にも焦点を当てないで単に住居を移したと言うときに umziehen と言
うわけです。

　　Mein Nachbar ist ausgezogen.　隣の人が引っ越して行った。

　　Ich bin in eine neue Wohnung eingezogen.
　　私は新しい住居に引っ越した。

　　Ich bin kürzlich / mehrmals umgezogen.
　　私は最近／何度も引っ越した。

　なお，地名を付けて「どこそこに引っ越す」という場合は前つづりを付け
ない方がふつうです Ich bin nach Berlin gezogen.「私はベルリンに引っ越し
ました」となります。これを ?Ich bin nach Berlin umgezogen. と umziehen
を使っても文法的に間違いとは言えませんが，やや不自然に聞こえます。と
いうわけで，説明が長くなりましたが，この場合の「引っ越しの際」は出て
行くのですから，beim Umzug ではなく beim Auszug と言うわけです。bei
Auszug と定冠詞の縮約形なしに言うこともできます。

最初の文では名詞の e Pflicht を使っても言うことができます。

Die Mieter haben eigentlich nicht die Pflicht, beim Auszug die Wohnung zu renovieren.

この場合は目的語の Wohnung は省略すると不自然です。renovieren は他動詞なので目的語を必要とします。名詞化すると必ずしも die Renovierung der Wohnung と言わなくてもいいわけです。

　2番目の文の「支払った敷金」は，die gezahlte Kaution とやはり過去分詞を使うとすっきり表わせます。Trotzdem bekommt man in Japan leider nur selten die Kaution, die man gezahlt hat, zurück. でもいいですが，副文が挿入されることで少しリズムが乱れますね。

　最後に接続詞の問題に行きましょう。2番目の文で aber を使うのはよくありません。Die Mieter sind beim Auszug eigentlich nicht zu einer Renovierung verpflichtet. ??Aber in Japan bekommt man leider nur selten die gezahlte Kaution zurück. というのは変です。というのも，前の文で「本来改装の義務はない」と言っているので，ある程度，それに反することを次に言うだろうと予測されるからです。trotzdem は，前に述べたことと論理的，状況的に反することを述べるときに使います。それに対して，aber は前に述べたことから，論旨の展開の仕方として本来的には予測されないことや，前の文と対比的なことがらを述べるときに使います。

Ich liebe sie, aber sie liebt mich nicht.
私は彼女を愛している。しかし，彼女は私を愛していない。

　これを Ich liebe sie, ??trotzdem liebt sie mich nicht. というと「私が彼女を愛したら，当然彼女は私を愛さなければいけない」という前提があることになります。そんなことはないので，単なる対比として aber を用いるわけです。問題文の場合はこれとは逆です。文脈の流れからは当然前の文の内容に反することが述べられると予測はつくので aber は使えず，しかしながら前の文の内容と論理的に（倫理的にも？）反することが述べられているので trotzdem を使うわけです。

第⑮課 変わらないもの

ポイント！
✤ 話法詞は話し手の判断や評価を表わす。
✤ 心態詞は話し手の心情を表わす

　副詞の中には文全体にかかり，話し手の判断や評価を表わすものがあります。これらを特に話法詞と呼びます。Du kannst gern mitkommen.「一緒に来てくれて全く構わないよ」という文の gern は，主語ではなく，この文を話している人の気持ちを表わしています。leider「残念ながら」も同様です。Er kommt leider nicht.「彼は残念ながら来ません」でも，主語の er ではなく，話している「私」が残念と思っているのです。

　その他，可能性に関する判断を表わす話法詞も多くあります。sicher, bestimmt は「きっと」で，100 パーセント近い確信を表わします。wahrscheinlich は「たぶん」で 70 ～ 90 パーセントぐらいでしょう。vielleicht は「ひょっとしたら」で 50 パーセントかそれ以下です。Vielleicht regnet es morgen. だと，明日雨が降るかもしれないし，降らないかもしれないという感じです。

　心態詞というのは，doch, ja, aber, eigentlich, schon, denn など，話し手の心情を表わす言葉です。働きとしては，日本語の終助詞の「ね」，「よ」，「ぞ」などに似ていますが，文の最後ではなく文の中に置かれる点が違います。心態詞には通常アクセントは置かれず，文頭に立つこともありません。また，平叙文，疑問文，命令文に応じて意味が変わることが多いので，単に訳語を覚えるのではなく，その機能をきちんと理解することが大切です。たとえば，denn は疑問文に使われ，Wie heißt du denn?「君はなんという名前なの？」と柔らかく尋ねたり，Wo bist du denn so lange geblieben?「一体そんなに長くどこにいたんだ？」と自分の関心の高さを表わしたりします。schon が命令文に使われると，Sag schon!「早く言え！」のように，相手に強く行為を促していることが表わされます。

　この課では話法詞，心態詞だけでなく，接続詞の使い方も勉強します。

ドイツ語の文にしてみよう! 🖊

1. 私たちは今から昼食を食べに行くけど，一緒に行かない?

検討語句／ s Mittagessen, mitkommen, aber, und, doch

2. A：実に寒いなぁ！

　 B：そうだって言ったでしょ！

検討語句／ kalt, schon, doch, aber, ja

3.（B があることに挑戦しているが，あまり上手ではないことを見た A が B に）

　 A：もうちょっと練習した方がいいんじゃない。

　 B：初めてしているんだからね。

検討語句／ üben, zum ersten Mal, sollen, müssen, besser, wohl, aber, doch, ja

4.（話の途中で帰る時間が気になり尋ねるという状況で）

　 ところで今，何時ですか?

検討語句／ übrigens, eigentlich

1. 私たちは今から昼食を食べに行くけど，一緒に行かない？
→Wir gehen jetzt Mittag essen. Willst du mitkommen?

　日本語の発想で，??Wir gehen jetzt Mittag essen, aber kommst du nicht mit? とした人もいるかもしれませんが，これは不自然かつ無礼な言い方となってしまいます。

　まず，aber の使い方が不自然です。aber は前の課の最後でみたように，論旨の展開の仕方として本来的には予測されないことや，前の文と対比的なことがらを述べるときに使います。

Ich habe heute keine Zeit, aber morgen.
私は今日は時間がないが，明日はある。

Er ist schon alt, aber noch rüstig.
彼はすでに年をとっているが，まだ矍鑠としている。

　この「対比」は，自分の発言内容に制限をかけると考えてもいいでしょう。今日は時間がないがずっとないわけではない，彼は年はとっているが元気がないわけではない，というわけです。

　これに対して，「昼食を食べに行く」と「一緒に行かない？」の間にこういう関係はありません。もし aber を使うと，昼食を食べに行くことが，相手が一緒に行くことによりなんらかの制限を受けることになってしまいますね。

　次に，Kommst du nicht mit? の nicht がいけません。日本語では「行かない？」のように否定の形で質問することが多く，これは相手に負担をかけない言い方，つまり，相手に断る余地を与える心配りをしている言い方になります。それに対して，ドイツ語の否定の質問は基本的に本来予想される状態ではないことを尋ねることになります。つまり, Kommst du nicht mit? は，「君は同然来るべきである，または来るものだと思っていたが，来ないというのか？」ということです。Willst du nicht mitkommen? も同じかもっと悪いぐらいです。「来る気がないというのか？」ということですからね。

　私が個人的に知り合ったドイツ人から「日本人の質問にいちいち腹が立っ

てノイローゼになりそうだ」と聞いたことがあります。理由を尋ねるとどう
やら原因はこの否定形での質問らしいのです。

お腹が空いていませんか？

Haben Sie keinen Hunger?　→　**Haben Sie Hunger?**

疲れていませんか？

Sind Sie nicht müde?　　　→　**Sind Sie müde?**

　もちろん状況次第という面はありますが，日本人は親切に「お腹が空いて
いませんか？」と尋ねるつもりで，Haben Sie keinen Hunger? と言うので
すが，その人によると，「お腹が空くのが当たり前なのに，いったいどうし
てお腹が空いていないのか？」と言われていると感じるのだそうです。「疲
れていませんか？」というのも同じで，Sind Sie nicht müde? というのは当
然疲れているだろうと予測される場合の他は，「なんで疲れていないのか？」
という詰問にもなりかねません。

　この人はとりわけ感受性が強いようですが，ドイツ語の理屈からして，こ
う感じられるのは十分理解できます。よっぽど想定されることとは違う場合
は別として，日本語で否定形で質問したい場合でもドイツ語では肯定文で質
問する方が無難です。なお，Kommst du doch nicht mit? は最悪です。「ま
さか一緒に付いてくるなんてことはないだろうね？」ということだからです。
なんでも心態詞を使えばよいというわけではありません。

　なお，「昼食に行く」は，zum Mittagessen gehen とも言えます。これは
たとえば，会社に社員食堂があり，お昼はそこに食べに行くというようなケー
スでよく使われます。文字通りに考えれば「昼食のところに行く」という
ことだからですね。会社から外に出て行って，しかも，行く店が特に決まっ
ているわけではないという場合は，Mittag essen gehen とする方が多いよう
です。なお, mittagessen gehen と分離動詞としてつづられることもあります。

　単に「昼食／夕食を食べる」というときは，zu Mittag / zu Abend essen
と言います。

2. A：実に寒いなぁ！
　 B：そうだって言ったでしょ！
→ A：Es ist aber kalt!
　 B：Das habe ich dir doch gesagt!

　心態詞はとくに話し言葉で話者の感情を表わすときに効力を発揮します。話者が想定していなかったことや，ふつうではないことを体験して驚くときに使われるのが aber です。外に出たら，思ったより寒かったというときに，Es ist aber kalt! と言うわけです。「強めるときは doch を使う」と機械的に覚えて，なんでも使おうとする人がいますが，このシチュエーションで ??Es ist doch kalt! とは言いません。

　次は，ゼミに出ている学生が，教授から次の授業までに読んでこいとドサッと資料を渡されたときに言う言葉です。

Das ist aber eine Menge zu lesen!　こんなにたくさん読むの！

　まぁ驚いていても事態は変わらないのですが，こう言いたくなるのはわかります。こんなに量があるとは全く想定していなかったという気持ちが aber に込められているわけですね。

　Es ist aber kalt. を強調して Ist das aber kalt! にすることもできます。強調構文では動詞から始めることがよくあります。このとき，人称代名詞は指示代名詞にします。非人称の es でも das にするわけですね。Es regnet viel.「雨がたくさん降っている」でも強調構文にすれば Regnet das aber viel! になりますよ。Es ist schönes Wetter.「よい天気だ」に aber を付け，さらに強調構文にして言ってみましょう。

Ist das aber schönes Wetter!　実によい天気だなぁ！

　さて，次の「そうだって言ったでしょ！」にこそ doch が使われます。とはいえ，doch を単なる強めだと思わないでください。ちゃんとした理屈に基づいて使われます。それは「否定されそうになっている事柄を強く肯定する」ということです。この例で説明すると，①Ｂが Ａ に「外は寒い」と言

った，②Ａはそれをきちんと受け止めておらず，薄着のまま外に出た，③外はやはりＢの言ったとおり寒かった，ということで「私の言ったとおりやっぱり寒かったでしょ」となるわけです。Ｂの発言内容がＡの行動によって否定されたが，やはりＢの発言が正しかったということです。簡単に言えば「やっぱり」という論理です。

　最初の想定（上の例ではＢの発言に相当するもの）は，必ずしも実際に言われるとは限りません。暗黙のうちに了解されていることもあります。

Du bist doch kein Kind mehr!　お前はもう子どもじゃないんだ。

　この例では，もともとその子はかなり大きくなっている。それにも関わらず子どもっぽい行動に出た。それで話者は子どもではないということを相手に言い聞かせようとしている，ということですね。doch は使われる文の種類によって微妙にニュアンスが違いますが，基本的な理屈は共通しています。

Du wirst doch nicht etwa absagen?　まさか断ったりしないでしょ？

　この文では話者の心配が表わされています。断られないだろう，または，断られたら困るという前提があり，相手がもしかしたら断るかもしれない，という状況で，断らないでほしいと言っているわけです。Wie war das doch gleich?「えっと，なんだっけ？」というのは，ちょっと前に言われたことで本来は忘れるはずがないのに忘れてしまったことを尋ねるときに使います。

　これまで説明してきたのはすべて平叙文での doch の意味ですが，命令文でもその論理は生きています。ただ，命令文ではたしかに単なる「強め」と考えて問題ない場合が多く，また，他の心態詞との組み合わせでだいぶニュアンスが変わってきます。

Kommen Sie doch mal zu uns!　どうぞ一度遊びに来てください。
Hör doch endlich auf!　もういい加減やめてくれ！

　両方とも命令をしないと相手がしそうにないという点では doch の意味は共通していますが，mal を使うとやわらかくなり，endlich を使うと非常に強い感情が表わされます。

3. (B があることに挑戦しているが，あまり上手ではないことを見た A が B に)

　　A：もうちょっと練習した方がいいんじゃない。

　　B：初めてしているんだからね。

→ A：Da musst du wohl noch ein bisschen üben.

　　B：Ich mache das ja auch zum ersten Mal.

　まず A の発言ですが，「... すべきだ」と考えて sollen を使うのは間違いです。Du sollst noch ein bisschen üben. という文は誰かの意志，典型的には話し手の意志を表わすことになります。すると「私」が「君」に練習することを頼んでいることになります。sollte は相手に対する助言や忠告を表わしますから，これは使えることは使えます。しかし，sollte は接続法第 2 式で，「できれば，... した方がよい」を表わします。Du solltest noch ein bisschen üben. と言うと，「君には無理かもしれないけれど」というニュアンスになることもあります。また，たとえばその練習の成果を大勢の人の前で発表するということがある場合は，「そんなんじゃ恥をかくからもっと練習しなさい」というきつい意味にもなります。

　ここでは，たとえば，ドイツ人の友人が一生懸命，箸を使って食事をしているという場面を想像してください。それを見た日本人のあなたが「もっと練習しなきゃね」という意味で müssen を使うのがよいわけです。müssen は必要性を表わしますが，それは義務とはちがいます。義務はだいたい他から課せられたもので本人の意志とは関係なく生じるものですが，必要性とはある目標に到達するためにしなければならないときに生じます。たとえば，Ich muss Deutsch lernen, um in Deutschland zu studieren.「私はドイツの大学で勉強するために，ドイツ語を勉強しなければならない」というときに müssen は使われるわけです。ですから，この場面でも，「ちゃんとご飯が食べられるには」や「君が満足のいくレベルになるまで箸が使いこなせるようになるには」というニュアンスが込められるので müssen を使う方が，sollte を使うよりも，よっぽど自然で，それほどきつくない言い方になるわけです。とはいえ，Du musst noch üben. だとさすがに決めつけすぎです。文頭に da を付けることにより，「私の見たところによると」や「その様子では」と

いうニュアンスを付け加えることができます。

　さらに，「... じゃない」というニュアンスを出すため wohl「おそらく」を添えます。wohl は wahrscheinlich と同様に高い可能性を表わしますが，wahrscheinlich が客観的状況から見て判断するときに使われるのに対し，wohl は「話者の主観的な判断」から可能性が高いという点が違います。ですから，ここでは wohl を使って，あくまでも自分の判断からして，もうちょっと練習した方がいいんじゃないと述べることによって発言を少し和らげることになるのです。

　さて，B の返答の中には ja を使うといいでしょう。これは，相手も知っている（と思われる）こと，一般的な常識とされていることを理由として提示するときに用います。ですから，日本語で「... なのだからね」や「... でしょ」と言いたいときなどに便利です。

Mach dir keine Sorgen, du hast ja noch genug Zeit.
心配しないで。まだ十分時間はあるんだからね。

Er macht das bestimmt nicht. Sie wissen ja, wie er ist.
彼はそれを絶対しないでしょう。あなたも彼がどんな人か知っているでしょう。

　どちらの文でも ja は相手が本来知っていることを改めて思い起こさせるという働きがあることがわかるでしょう。上の文では時間があるのに相手は焦っていることに対して，なんとか安心させようとしているわけですし，下の文では彼がどんな人間かは相手もわかっているはずだということを，自分の発言に対する論拠としています。

　課題文の「初めてしているんだからね」は必ずしも相手がそのことを知らなくても，それを知識として前提としてほしい，ということから ja を使うのがいいわけです。話法詞を的確に使うと非常に豊かな表現ができるようになります。用法は多岐にわたっていて，なかなか習得するのは難しいですが，ここに述べたものだけでも使っていってください。同時に，心態詞が出てきたときはなぜそれが使われているかを自分なりに考えるくせをつけてください。それにより，だんだんと語感がついてきます。

4.（話の途中で帰る時間が気になり尋ねるという状況で）

　ところで今，何時ですか？

→Wie spät ist es eigentlich?

　「ところで」の訳語としてすぐに思い浮かぶのは übrigens でしょうが，こ
こで，?? Wie spät ist es übrigens? というのは奇妙に聞こえます。übrigens は
文頭に持って来ることもできますが ?Übrigens, wie spät ist es? というのもや
はり不自然です。というのも，übrigens はさほど重要ではないことを尋ねた
り，「そういえば」ということで新たな話を始めるときに用いるからです。
ここでは，時間の話を新たに始めようと思っているわけではありません。話
に夢中になっていて，終電の時間が気になったり，やらなければいけない仕
事を思い出したりして，時刻を尋ねているわけですね。むしろ，話を切り上
げなければいけないという状況です。

　このときには eigentlich を使います。eigentlich は，「それまでの話には出
てこなかったが，自分にとって重要な情報を聞きたい」というニュアンスを
表わします。時間が気になっているから尋ねるわけですから，übrigens では
なく，当然 eigentlich でないといけません。

　この両者の違いについて，ドイツ人学生 4 人と徹底的に話したのですが，
そのときに出てきた例をご紹介しましょう。あるパーティ会場で若い男女が
知り合ったとします。話が盛り上がってよい雰囲気になってきました。そこ
で男の方が，「ところで彼氏はいるの？」と彼女に尋ねます。どう言うかも
うおわかりですね。

　　Hast du eigentlich einen Freund?

　　?? Hast du übrigens einen Freund?

　当然 eigentlich です。彼氏がいるかどうかを尋ねて，いなければ（場合に
よっては，いても，かもしれませんが）彼女との関係を発展させようという状
況ですからね。übrigens を使った文は，文法的には合っているので，*のマー
クではなく，?? にしておきましたが，「あり得ない」ということで全員の
意見が一致します。もしこんな聞き方をされたら「ふざけているのか？」と

思うそうです。それはそうですよね。彼氏がいるかどうかとくに関心がない
のなら，初めからそんなことは聞くなという感じだそうです。

　なお，ここで扱っている eigentlich は心態詞としての用法ですから，文ア
クセント（文中の特定の語句を強調するときに置かれるアクセント）は決して置
かれないので発音には注意してください。eigentllich を強めると，「本来は，
そもそもは」という意味の副詞の用法になります。

Wie héißt er eigentlich?　　ところで彼の名前は何ですか？

Wie heißt er éigentlich?　　彼の本当の名前は何ですか？

　さて，状況によっては，übrigens も eigentlich も両方使えることがあります。
それでも意味は異なります。たとえば，久しぶりに会った人と世間話をして
いて，「ところであなたの息子さんは何をしているのですか？」と尋ねると
きは，両方可能ですが，übrigens の方が多いようです。

Übrigens, was macht Ihr Sohn?

Was macht Ihr Sohn eigentlich?

　eigentlich を使った下の文では，その息子が何をしているか詳しく聞かせ
てほしいというニュアンスが出ます。ときによっては，すこし相手のプライ
ベートな領域に立ち入りすぎていると感じられるとのことです。やはりこれ
も eigentlich が持つ「自分の関心の高さ」がなせる技です。また，übrigens は，
文の先頭において，新しい話題にしましょう，というシグナルを相手に送る
のがよく，後ろに持ってくると本当にどうでもいいという感じになってしま
います。

　最後に，Wann kommst du eigentlich / übrigens nach Hause?「ところで
いつ帰ってくるの？」と妻が夫に尋ねるとしましょう。eigentlich を使うと，
何か約束があってそれに間に合うように帰ってくるのかという感じになるの
に対し，übrigens を使うと，他の話のついでに今日帰ってくる時刻も知って
おきたいという感じになります。

　この説明を参考に eigentlich と übrigens を効果的に使いましょう。

タコとイカの話

　2010年のワールドカップでは，オーバーハウゼン（Oberhausen）という
ルール地方の小さい町の水族館で飼育されているタコのPaul君の予言がド
イツのみならず世界中で注目されました。準決勝のドイツの敗北も予測し，
一時は熱狂的なサッカーファンから「サラダにしてしまえ」と脅されたのも
なんのその，3位決定戦でのドイツの勝利，つづいて決勝のスペインの優勝
もぴたりと当てたからただ者ではありません。

　さて，タコはドイツ語ではなんて言うでしょうか？　はい，Tintenfisch
です。こう書くと，何を言っているのだ，イカがTintenfischで，タコは
Achtfüßerだ，とおっしゃりたくなる人も多いと思います。でも，待ってく
ださい。そんなことを書いてあるのはおそらく日本の辞書だけです。そして，
日本のドイツ語学習者の大半は，その記述を鵜呑みにしてそう信じているだ
けなのです。なんたって，この私も長年そう信じてきましたから。

　最初に，証拠をお見せしましょう。LangenscheidtのDeutsch als
Fremdspracheという辞書でTintenfischを引くと，こう書いてあります。
Tintenfisch, der: ein Tier, das im Meer lebt, acht Arme hat und bei Gefahr
eine dunkle Flüssigkeit ausspritzt.「海に棲む動物で，八本の腕を持ち，危険
が迫ると黒い液体を放出するもの」。どうです？　これはタコとしか思えま
せんね。それに対して，Achtfüßerという言葉を聞いたことのあるドイツ人
はほとんどいないと思います。私は何人ものドイツ人とお寿司を食べに行っ
てそのたびにAchtfüßerと説明したのですが，誰ひとりとしてその単語を聞
いたことのある人はいませんでした。私自身も日本の辞書の訳語だけを頼り
に説明していたのです。それで，本当のところはどうなのかをかなり徹底的
に調べてみました。

　まず，ドイツ人で，そもそもタコとイカの区別がつく人はほとんどいませ
ん。ですから，日常的にはどちらもTintenfischと言います。さらに，これは，
ドイツの生物学ではイカやタコを含む頭足類（Kopffüßer）のうち，墨を吐
くものを指すものとして分類されているようです。つまり，日常的な言葉遣
いと生物学的な用語は一致しているのです。ドイツの辞書によっては，

Tintenfisch=Kopffüßer としているものもあります。なんと Duden からして そうです。しかし，これはドイツにおける分類としても本当は正しくありません。Kopffüßer は絶滅したアンモナイトも含むようですから。

だから，イカもタコも Tintenfisch なのですが，どうやらイカよりもタコ の方が目にすることが多いようなので，Tintenfisch といえばタコと言って もいいぐらいです。とはいえ，辞書の説明としては上の Langenscheidt のも のはやはり不正確でしょう。

そうは言っても，私たち日本人としては，どうしても区別をつけたくなり ます。タコに関しては，r Oktopus と r Krake が使われます。この Paul 君に 限っては，Oktopus（あるいは Octopus）と呼ばれるのが最も多いようです。 ただし，「タコの予言（神託）」を検索してみると，s Oktopus-Orakel より は s Tintenfisch-Orakel の方がよくヒットします。

というわけで，どうしてもタコと言いたければ，Oktopus と言えばいい わけです。ちなみに，私の手元にある独和辞書をいくつか見た限りではこの 単語は載っていませんでした。

残るはイカです。もちろん，Tintenfisch と言ってもいいわけですよ。た だし，これはタコを含んでいますから，お寿司屋で「こっちがタコでこっち がイカ」と説明するときには使えない言葉です。

いろいろ調べたところ，一番正確なのは，zehnarmiger Tintenfisch「10 本の腕を持つ Tintenfisch」です。この中で，ツツイカ目（Teuthida）に属 するものをドイツ語では r Kalmar と言うようです。これにはヤリイカやス ルメイカなどお寿司のネタになるようなものが多いので，寿司屋で説明する ときはこれがいいというのが，私の結論です。この単語を聞いたことがなく ても，イタリア料理に出てくるイカリングのフライを Calamari と言うこと はかなり知られていますから，そのドイツ語だと言えばわかります。なお， 浅瀬に棲んでいるコウイカ目は e Sepie と言います。

説明がくどくなってしまいました。要するに，タコは Oktopus でイカは Kalmar です。区別しないなら Tintenfisch。

独和辞典も万能ではないですから，疑問に思ったことは，自分で調べてみ ないといけないという教訓ですね。Paul 君，ありがとう。

コラム

ドイツ人とトマトジュース

　皆さんは，飛行機の中で何を飲みたくなりますか？　ドイツ行きの飛行機に乗っていて気がつくのは，ドイツ人はトマトジュース（Tomatensaft）が好きだということです。飲む，飲む，みんな信じられないくらいよく飲みます。前から不思議に思っていたのですが，Welt online という Die Welt 紙のオンライン版にその秘密が載っていました。2010 年 2 月 11 日の記事で，題名はまさしく，„Warum Tomatensaft im Flugzeug der Renner ist“（「なぜトマトジュースは飛行機の中でヒット商品なのか？」）(http://www.welt.de/wissenschaft/article6348786/Warum-Tomatensaft-im-Flugzeug-der-Renner-ist.html)。

　内容を要約すると，フラウンホーファー研究所の研究者が調査したところ，上空で気圧が低くなると人間の嗅覚と味覚が変化し，塩分，糖分，香辛料の知覚が弱くなるということです。それで，それらの強い飲み物が地上にいるときより欲しくなるということらしいです。

　まぁ，それは納得できます。しかし，じゃあ，なんでトマトジュースなんだ，と思ってしまいます。なんかドイツ人と話したり，ドイツの新聞を読むとこういう感情に襲われることがよくあります。相手の言っていることはもっともで，その主張自体は理解できる。しかし，肝心のところが不明のままだという感情です。というのも，私は飛行機の中で別にトマトジュースが飲みたくならないからです。まぁ，ビールを飲みたいのは地上と同じですが，私の場合はなぜかオレンジジュースが飲みたくなります。普段はそれほど飲まないのにです。上空では，塩分より糖分の刺激を欲するのでしょう。ドイツ人の場合は塩分になるのはなぜなんでしょう。やはり謎のままです。

　ドイツの食べ物はだいたいが塩分と脂肪分が多すぎるので，飛行機の中でさらに塩分を摂取するのはやめた方がいいと思うんですけどね，ドイツ人の皆さん。

第 2 部

日本語から
自然なドイツ語へ

第1部では，ドイツ語の「しくみ」を理解するため，さまざまな文法事項を含む例題を解いてもらいました。ここまでやって来られた皆さんはもうかなり力がついているはずです。

　第2部では，日本語に特有の構造や言い回しを持つ文をドイツ語にしてみましょう。日本語としては同じでもドイツ語にすると違う構造になることも多くあります。この練習を通して，日本語の世界とドイツ語の世界を自由に行き来できるようになりましょう。

第1課 「…は〜だ」

　この構文は日本語では最も基本的なものですが，ドイツ語にするとさまざまな問題が生じてきます。「私は学生だ」は Ich bin Student/Studentin. で単純ですが，「私の娘は男の子です」という例文はどうでしょう？　そもそも意味がわかりませんね。これは年輩の人が孫の話をしているという状況で，「私の娘が最近女の子を産みましてね。これが可愛くて可愛くて」という発言に対して，もうひとりが言った言葉です。こうわかると，Meine Tochter hat einen Jungen. と訳せばいいことがわかります。

　また，「象は鼻が長い」という文では何を主語にすればいいか迷うかもしれません。主語と構文を決めることが重要です。

ドイツ語の文にしてみよう！ 🖎

1. 象は鼻が長い。鼻が長いのは象だ。

　使える？　*r* Elefant, *e* Nase, *r* Rüssel

---

2. （昼食を会社の同僚と食べに行き，何を頼むか話しているときに）

　私はうなぎだ。

　使える？　*r* Aal

---

3. あいつは机の上が汚いので，仕事ができるはずがない。

　使える？　*r* Schreibtisch, dreckig, chaotisch, fähig sein, können

---

1. 象は鼻が長い。鼻が長いのは象だ。

→Der Elefant hat einen langen Rüssel. Das Tier mit dem langen Rüssel ist der Elefant.

　「象は鼻が長い」というのは，三上章という人が書いた日本語文法の本の題名です。「象」と「鼻」のどちらがこの主語か，あるいは両方主語なのかは絶えず議論になります。ちなみに，三上章自身は，日本語にはヨーロッパ語のような「主語」はないという立場です。

　当然ですが，「象」と「鼻」の両方を1格の主語にしても文は作れません。*Der Elefant, der Rüssel ist lang. はドイツ語ではあり得ません。1つの文に主語は1つだけです。この場合は「象」を主語にして，Der Elefant hat einen langen Rüssel. とするのが最も自然です。一般に，「XはYがZだ」という日本語をドイツ語にするときは，「XはZであるYを持つ」とhabenを使った所有構文にするとうまくいきます。「象は鼻が長い」→「象は長い鼻を持つ」ですね。ちなみに，象の鼻は e Nase ではなく r Rüssel と言うので覚えておいてください。

　この文では「象」が「テーマ」になっています。「象に関していうと，鼻が長い」ということですね。ここでは例外もない一般論ですから，der Elefant と「単数形＋定冠詞」にしてあります。

　さて，ちょっとひねって，「鼻が長いのは象だ」としたらどうなるのでしょうか。ドイツ語でも単に順番を逆にして，Einen langen Rüssel hat der Elefant. と言うのもできないことはありません。しかし，「長いお鼻をもっているのは ... 象さんですね」のように絵本でいろいろな動物の特徴を子どもに教えているようなときぐらいしか使えないようです。やはり，不定の名詞句，しかも目的語をわざわざ文頭に持ってくるのがドイツ語の理屈に反しているのでしょう。そこで，どうしてもこのことを言いたければ，Das Tier mit dem langen Rüssel ist der Elefant.「長い鼻を持つ動物は象である」と das Tier を主語として引っ張り出してくるしかなさそうです。これもやはり一般論の文の形をしていますね。関係代名詞を使って，Das Tier, das einen langen Rüssel hat, ist der Elefant. は文法的には正しい文ですが冗長です。

2. (昼食を会社の同僚と食べに行き，何を頼むか話しているときに)
　私はうなぎだ。
→Ich nehme den Aal.

　これも日本語文法では有名な例文で，「うなぎだ構文」と呼ばれます。日本語文法にはこういう例文がいろいろあって楽しいのです。人間がうなぎであるはずはないのに，日本語では「私はうなぎだ」と言えるわけですね。「私が注文するのはうなぎだ」と言うことです。さて，これをドイツ語で Ich bin der Aal. とはさすがに言えません。これでは本当にうなぎ人間になってしまいます。sein 動詞はあくまでも「A=B」の関係を表わします。ここでは，うなぎを注文するということですから，Ich nehme den Aal. または Ich bestelle den Aal. と言います。この den は，「ほかのメニューもあるが，ここにあるうなぎにする」という意識で付いている定冠詞です。特定のうなぎです。その意識が特に強くなければ，Ich nehme Aal. と言うこともできます。?Ich nehme einen Aal. とも言えますが，うなぎ1匹をまるまる食べるようなイメージが強くなりすぎ，やや不自然になります。ｓ Schnitzel「カツレツ」は1つの食べ物として輪郭がはっきりしているので，Ich nehme ein Schnitzel. と言えます。ただ，これは1つということがやや強調されます。ウェイトレスに注文する場合は Ich nehme das Schnitzel. と言う方が多いようです。

　Ich nehme den Aal. は，課題の説明にあるように同僚に自分の食べるものを言うときにも使えますし，注文をとりに来た店員にも使えます。Ich bestelle ... と店員に言うことはあまりしません。店員に対しては，他に，Für mich bitte den Aal. とも言います。このとき，für を使うのがポイントです。「私には」と言うことが示されます。また動詞はないのですが，「うなぎ『を』ください」ということですから，注文するものは4格にしなければいけませんよ。Für mich bitte ... と言うパターンも簡単でいいですね。すごく丁寧に注文しようと思えば，Ich hätte gern den Aal. と言います。文法的には接続法第2式を使った婉曲表現です。「うなぎをいただきたいのですが」という感じです。

　「うなぎだ構文」の訳し方もいろいろです。

3. あいつは机の上が汚いので，仕事ができるはずがない。

→Wenn man sich seinen chaotischen Schreibtisch nur ansieht, weiß man sofort, dass er unfähig ist. /

Bei so einem chaotischen Schreibtisch kann er doch nicht arbeiten.

子どものときよく親から「お前は机の上が汚い」と言われていたのを思い出して作題しました。この部分も「XはYがZだ」の形になっていますから，1．でやったようにhaben を使って，Er hat einen chaotischen Schreibtisch. とすることはできますが，問題文では次の文とのつながりがうまくできません。ここではこの文の論理を考える必要があります。1つは，「彼の机の汚さから，彼の無能力がわかる」ということです。それにのっとったのが，最初の解答文です。ここでは sich³ et⁴ ansehen を使って「汚い机を見さえすれば」と訳しています。なお，この「汚い」は dreckig ではなく chaotisch です。dreckig は泥などの汚れがついている状態です。机の場合は本や書類が乱雑に積み重なっているということですから chaotisch です。

もう1つは，「汚い机のせいで，彼は仕事ができなくなっている」という論理です。これが下の解答文です。「机が汚いので」を bei so einem chaotischen Schreibtisch とするわけです。bei は「付帯状況」を表わしますが，そこから理由にもなります。「汚い机を持っている状況から」ということです。ここで wegen を使うと意味がわかりにくくなります。それは単に原因を表わすからです。

さて，ここの können は客観用法として「仕事ができない」という意味にもなるし，nicht と組み合わさった主観用法として「…しかあり得ない」という話者の判断を表わしているとも解釈できます。どちらにしてもあまり意味は変わりません。上の文のように unfähig を使って，Bei so einem chaotischen Schreibtisch kann er nur unfähig sein. とも言えます。これだと主観用法の色合いが強くなります。

日本語だと簡単に言えることもドイツ語だと案外難しくなることがあるという例です。

　日本語では存在を表わす動詞に「ある」と「いる」があります。その存在物が生物かどうかで使い分けるのですが，ドイツ語にはそういう区別はありません。Er ist da. と言っても，人間の彼がそこにいるということだけでなく，たとえば der Tisch「その机」の話をしているのかもしれません。

　その代わりと言ってはなんですが，ドイツ語には sein 動詞を使うだけでなく es gibt という表現もあります。また，場合によっては haben を使う方がいいときもあります。

　これらはどのように使い分けたらいいのでしょうか。具体的な例を通して考えてみましょう。

ドイツ語の文にしてみよう!

1. 冷蔵庫にはまだビールが2本ある。

使える？　r Kühlschrank, e Flasche, sein, haben, es gibt

---

2. その町には約30万の住民がいる。

使える？　e Stadt, r Einwohner, sein, haben, es gibt

3.（電器店の店員に向かって）カメラは何がありますか？

使える？　e Kamera, an, von

---

1. 冷蔵庫にはまだビールが2本ある。

→Im Kühlschrank sind noch zwei Flaschen Bier.

あるものの存在を表わすときに，sein 動詞を使う場合（sein 構文）と es gibt... という表現を使う場合（es gibt 構文）のどちらを使うかは悩ましいですね。この2つのどちらも使える場合も多いのですが，基本的に，〈存在場所〉（ここでは「冷蔵庫の中」）と〈存在物〉（ここでは「2本のビール瓶」）をどう表現したいかによって使い分けられます。

es gibt 構文では，〈存在場所〉は必須ではありません。逆にいえば，〈存在物〉の表示だけしたいときは必ず es gibt 構文が使われます。Es gibt immer noch Menschen, die nicht glauben, dass die Erde rund ist. 「地球が丸いことを信じない人がまだいる」。もちろん場所の表示がある場合もあります。Hier gibt es viele Probleme. 「ここには問題がたくさんある」。しかし，hier は特に重要な情報ではなく，そもそも「問題がある」ということが言いたいわけです。〈存在物〉は不定のものがくるのが圧倒的に多いです。

これに対し，定の〈存在物〉の〈存在場所〉を表わす場合は sein 構文が使われます。Wo ist das Buch? 「その本はどこにある？」と聞かれたら Das Buch ist auf dem Tisch. 「その本は机の上にある」と言うわけで，*Das Buch gibt es auf dem Tisch. とは言えません。さて，課題文では〈存在場所〉に不定の〈存在物〉があることを表わしています。今までの説明だと es gibt が使われそうですが，?? Im Kühlschrank gibt es noch zwei Flaschen Bier. は不自然で，この場合は scin 動詞を使う方が自然です。〈存在場所〉を言うことも大事だからです。「冷蔵庫の中に」ビールがあるのが重要であって，世の中にビールというものがあるかどうかを問題にしているわけではありません。Was hast du denn in der Tasche? 「鞄に何を入れているの？」と聞かれたら，In der Tasche ist ein dickes Wörterbuch.「鞄の中に分厚い辞書がある」というのであって，es gibt を使うのは不自然です。ポットを指しながら「まだお茶ある？」と聞く場合は，Ist noch Tee da? と sein 構文で場所 (da) を言うか，es gibt 構文で場所なしに Gibt es noch Tee? と言うかどちらかです。*Gibt es noch Tee da?" とは言いません。

2. その町には約 30 万の住民がいる。
→Die Stadt hat ca. 300.000 Einwohner.

　直前の問題で存在を表わす sein 構文と es gibt 構文の使い分けについて勉強しましたが，もう 1 つの可能性として〈存在場所〉を主語，〈存在物〉を目的語にして haben を使う方法があります。haben は「持っている」という訳語では表わしきれないほど多くのものを目的語にします。Ich habe einen Bruder.「私は兄（弟）が 1 人います」，Hast du Hunger?「お腹空いている？」，Thomas hat blaue Augen.「トーマスは眼が青い」，Das Kind hat einen wunden Finger.「その子は指をけがしている」，Er hatte gestern einen Unfall.「彼は昨日事故にあった」など，人間が主語のときは自分の身体，親族関係などにとどまらず，主語と目的語の間に無理矢理でも「所有関係」と見なせるものならほとんど何でも言えると言ってよいほどです。

　しかし，事物や場所が主語になると haben 構文を使うのがふさわしい場合はかなり限られています。たとえば，ある町で交通事故が多発しているとしても，??Die Stadt hat viele Autounfälle. はかなり奇妙で，In der Stadt gibt es viele Unfälle. と言います。では，いつ haben を使うかというと，「目的語が主語の構成物として見なせる場合」です。課題文の場合がまさしくそうで，住民はその町の構成物と言えます。このときは haben 構文を使うのがよいのです。もちろん，In der Stadt gibt es / sind ca. 300.000 Einwohner. と言っても間違いではありません。ただ，そうすると町と住民の関係が少し希薄になります。sein や es gibt は単に存在を表わすからです。主語と構成物の関係に焦点が当たるのは，たとえば，「その冷蔵庫には強力なモーターがある」という場合です。Der Kühlschrank hat einen starken Motor. と言うわけです。直前の課題文の「冷蔵庫にはまだビールが 2 本ある」を ?? Der Kühlschrank hat noch zwei Flaschen Bier. というのはかなり奇妙です。モーターと違ってビール瓶は冷蔵庫の構成物とは言えませんから，sein 構文を使うのがよいことになります。

　なお，ca. は circa の略です。ca. の代わりに etwa でも結構です。

3.（電器店の店員に向かって）カメラは何がありますか？
→Was haben Sie an Kameras da?

このようなパターンの日本語の文はかなりあります。まず，「何々は？」とテーマになることを言ってから，「何があるか？」のような質問を言うわけです。ですから，一瞬「カメラ」と「何」の両方が主語になりそうな気がします。もちろん，ここまでこの本を読んでこられた皆さんは主語は 1 つだけで，おそらく「何」を主語にするのだろうとわかってくださると思います。これで，Was haben Sie? や，Was gibt es? というところまではぱっと浮かぶのではないでしょうか？

問題は「カメラは？」の部分です。これは an を使って an Kameras と言うのです。不特定のものの量が問題になっているときにこの an がよく使われます。Was hat er noch an Immobilien?「彼は不動産は他に何を持っているのですか？」と言います。これに関連して，r Mangel「不足」，r Reichtum「豊富さ」，e Armut「貧しさ」，r Verlust「損失」，r Verbrauch「消費」など量の増減，多寡を表わす名詞の内容を示す場合はすべて an が使われます。関口存男というドイツ語学の世界では神様のような先生が「内容挙述の an」と名付けた用法です。これらはまた，対応する動詞や形容詞も同様に an をとるので，全部セットで覚えておくといいですね。Es herrscht Mangel an Arbeitskräften. は，Es mangelt an Arbeitskräften. と同じで，「労働力が不足している」ということです。「シベリアは地下資源が豊富だ」は，Sibirien ist reich an Bodenschätzen. と言います。これを名詞にすると，der Reichtum Sibiriens an Bodenschätzen「シベリアの地下資源の豊富さ」となるわけです。逆に日本は，Japan ist arm an Bodenschätzen. で，die Armut Japans an Bodenschätzen は日本人として嘆かわしいですね。

この an の用法は 124 ページでみた全体と部分の関係を表わす場合（「そいつのどこがいいんだ？」）と関連しています。辞書で an の用法をもう一度じっくり確かめておいてください。正確に使えるとドイツ語の表現力が一段とアップしますよ。

第3課 「...になる」

　Er wird Arzt.「彼は医者になる」のような「なる」は本動詞で，ドイツ語にするのは簡単ですが，私たちはよく「急にパーティに行けなくなりました」のように「... になる」を使います。これは werden では言えません。ではどう表わせばいいのでしょう，というのがこの課で勉強することです。基本的には，私たちが「変化」として捉えることを，ドイツ語では多くの場合「状態」として捉えるということがポイントになります。

　ではヒントはこれくらいにして，早速問題にチャレンジしてください。

ドイツ語の文にしてみよう！

1. 私の息子は最近歩けるようになった。

　使える？ neuerdings, neulich, seit kurzem, laufen, gehen

---

2. そういえばあの公園どうなったんだろう？

　—あそこには今，高層ビルが建っているよ。

　使える？ r Park, s Hochhaus, werden

---

3. 冬の訪れにより，西ヨーロッパの多くの国で交通パニックになった。

　使える？ r Wintereinbruch, s Verkehrschaos, werden, führen, verursachen

---

1. 私の息子は最近歩けるようになった。

→Mein Sohn kann jetzt laufen.

　「... になりました」という日本語は非常によく使われます。歩けなかった子どもが歩けるように「なる」という「変化」は，親にとって感動的なことです。これをドイツ語でどのように言うか悩むところですが，結論から言うと，この種の変化を表わすドイツ語はありません。werden を使って，*Mein Sohn ist laufen können geworden. などというのはドイツ語の文法が根本的に破壊されています。それではどうするかというと，このような「変化」は「現在の状態」として表現します。「... になった」の部分は無視するしかありません。Mein Sohn kann jetzt laufen. と，jetzt を使うことによって以前の状態と対比されるのです。jetzt は「今」であって「最近」ではない，と思う人もいるかもしれませんが，neuerdings や seit kurzem を使って??Mein Sohn kann neuerdings/seit kurzem laufen. と言うのは奇妙です。これらの語は「昔と違って今は」と言うときに使いますが，赤ちゃんがそれまで歩けなかったのは当たり前なのでここでは使えません。また neulich はごく近い過去を表わします。現在形ではそもそも使えません。

　ところで今までの例文で「歩く」をすべて laufen としていることに違和感を覚えるかもしれません。laufen は「走る」だけでなく，「歩く」という意味でも使われるのです。Fahren wir mit dem Bus, oder wollen wir laufen? 「バスで行きましょうか，それとも歩きましょうか？」や In Schuhen mit hohen Absätzen kann ich nicht gut laufen.「ヒールの高い靴ではよく歩けない」のように目的地を明示しない場合はむしろ gehen よりよく使われます。

　なお，子どもが歩き方を覚えるという場合，laufen lernen と言います。これを使って，Mein Sohn hat sehr früh laufen gelernt.「私の息子はとても早く歩き方を覚えた（＝歩けるようになった）」と表現することはできます。これだと少しは「変化」が表現できますね。ただし，今現在，息子がよちよち歩きをしている場合は，やはり単に現在形で言う方が自然です。

2. そういえばあの公園どうなったんだろう？

―あそこには今，高層ビルが建っているよ。

→Was ist eigentlich aus dem Park geworden?

— Da steht jetzt ein Hochhaus.

「あの公園はどうなった？」を ??Was ist der Park geworden? とするのはとても奇妙です。「... になる」の意味で「〈名詞〉+ werden」というのは基本的に人間が主語で特定の職業や身分になるときです。Anne ist Lehrerin geworden.「アンネは教師になった」，Thomas ist Vater geworden.「トーマスは父親になった」などです。全く偶然に左右された変化ではなく，主語の人の意志や決定が少しは働いているわけです。ですから，公園が主語でこの構文を使うと，公園の自由意志の結果を聞いているみたいに聞こえます。事物が主語でも言えるのは，Mein Traum wurde Wirklichkeit.「私の夢は実現した」のような慣用表現です。

「zu +〈名詞〉+ werden」もあります。これは変化の途中過程が想定されているときに使います。Der Kollege ist mittlerweile zu einem guten Freund geworden.「その同僚は今ではよい友人になった」は，一瞬の出来事ではなく，だんだんと仲良くなっていった結果です。

人であれ，物であれ，その変化の結果が予測できず，現在どうなっているかを問題にするときや，変化した結果，もとの姿と全く違うものになるときは，「aus ... +〈名詞〉+ werden」を使います。変化した後のものが 1 格の主語になるので注意してください。それで昔あった公園が今どうなっているかを聞きたいときは，Was ist aus dem Park geworden? と言うわけです。直訳すると「その公園からは何が出てきたのか？」という感じでしょうか。Aus Raupen werden Schmetterlinge.「毛虫は蝶になる」では毛虫が変態で (生物学的な意味ですよ。勘違いしないでください) 蝶になることが表わされます。人間の場合でも使えます。Was ist aus Thomas geworden? は「トーマスはどうなったの？」と，彼が今どうしているかを全般的に知りたいときに言います。Was ist Thomas geworden? は，職業として彼は何になったのかという意味でしか使いません。

3. 冬の訪れにより，西ヨーロッパの多くの国で交通パニックになった。

→Der Wintereinbruch hat in mehreren Ländern Westeuropas zu einem Verkehrschaos geführt.

　課題文の日本語には主語がありません。「... になる」という文に多く見られる現象です。「もう春になった」，「まもなく6時になります」では別に「季節が」や「時刻が」が省略されているわけではなく，最初から主語はないのです。ところがドイツ語ではそうはいかないので，Es ist schon Frühling. とか Es wird bald 6 Uhr. と，非人称の es を使った構文になるわけです。とはいえ，es ist ... と表わせるのは時間や天候などごく限られた内容で，「交通パニックになった」を *Es ist ein Verkehrschaos geworden. とは言えません。このような場合に便利なのが，es kommt zu ... という構文で，課題文は，Wegen des Wintereinbruchs ist es ... zu einem Verkehrschaos gekommen. と訳せます。この構文は基本的に好ましくない状態への変化を表わします。Wegen Meinungsverschiedenheiten kommt es zwischen ihnen oft zum Streit.「意見の相違により，彼らはよく喧嘩になる」などです。

　課題文では「冬の訪れ」が「交通パニック」の原因となっています。そこに注目すると，etwas führt zu .... という構文が使えます。es kommt ... が非人称構文であるに対して，こちらは原因になるものが主語になっているところが違います。これを使うと，Der Wintereinbruch hat ... zu einem Verkehrschaos geführt. という文が作れます。es を使った非人称構文とセットで覚えておくといいですね。Die Politik der Regierung hat zu Protesten der Bürger geführt.「政府の政治により国民の反対運動が起こった」というような例文があります。

　原因と結果を表わすには verursachen「引き起こす」という他動詞もあります。これを使うと課題文は，Der Wintereinbruch hat .... ein Verkehrschaos verursacht. となります。これも正しい言い方です。あえて言えば，führen を使うと結果の状態がどうなったかに焦点が当たり，verursachen を使うと原因と結果の因果関係により焦点が当たる感じがします。

　「の」はふつう 2 格か von によって表わされます。das Spielzeug des Kindes「その子どものおもちゃ」や，die Mutter von drei Kindern「3 人の子どもの母」という具合です。しかし，必ずしもそうなるとは限りません。たとえば，「10 時の電車」は，*der Zug von 10 Uhr ではなく，der Zug um 10 Uhr です。時間を表わす前置詞は um で，これは名詞にかかるときも使われるのです。何気なく「の」を使う場合でも，ドイツ語にするときは，本当に 2 格か von でよいのか考えるようにしてください。その結果，やっぱりそれでいいということもあります。

ドイツ語の文にしてみよう！

1. （本書 99 ページの 4.「金融危機により 2009 年には多くの会社が破産に追い込まれた。合計して 35000 の会社の倒産があった。」の続きの文章）これは 16 パーセントの増加である。しかし，破産しても必ずしも終わりを意味しない。
   使える？　r Zuwachs, e Insolvenz, s Ende

2. （ドイツからロンドン経由で日本に行く人に全部で時間がどのくらいかかるかと尋ねた答えとして）ロンドンで 1 時間のトランジットを含めて約 14 時間かかります。つまり，翌日，現地時間の 10 時に成田に到着します。
   使える？　r Aufenthalt, e Reise, Ortszeit

3. アイスランドの火山噴火のせいで，その日の飛行機はすべてキャンセルになってしまった。私は空港のロビーで 2 日間の長い時間を過ごす羽目になった。
   使える？　r Vulkanausbruch, Island, r Flug, Flüge, annullieren, ganz, e Halle

1. これは 16 パーセントの増加である。しかし，破産しても必ずしも終わりを意味しない。

→Dies ist ein Zuwachs von 16 Prozent. Doch eine Insolvenz muss nicht immer das Ende bedeuten.

　ここのポイントは「16 パーセントの増加」の部分です。これは ein Zuwachs von 16 Prozent と言います。von を使うのですが，名詞に不定冠詞が使われていることに注意してください。増加，減少，高さなどと数字の組み合わせではこのパターンになります。Der Umsatz hat einen Rückgang von 5 Prozent.「売り上げは 5 パーセントの減少である」，Dieser Berg hat eine Höhe von 3000 Metern.「この山は 3000 メートルの高さである」。

　2 番目の文の始まりに注目してください。「破産しても」の部分ですが，もちろん auch wenn を使って，Auch wenn man Insolvenz anmeldet, とすることもできます。しかし，Eine Insolvenz... と不定冠詞の付いた名詞を敢えて文頭に置くことで，仮定的に提示することができるのです。不定冠詞の持つ「どれを取り上げても」という性質を持つのでした。Ein Baby braucht besondere Pflege.「赤ちゃんというものは特別な世話を必要とするものだ」という文は，理屈っぽく言うと，「ある X が赤ちゃんであれば，その X は特別な世話を必要とする」ということですね。この場合はまだ条件なので直説法を使いますが，この不定冠詞の用法を使って完全な仮定を述べることができます。Ein Deutscher würde das nie machen.「ドイツ人ならそれは決してしないだろう」というのは，たとえば日本人ならすることでも，仮にドイツ人ならしないだろう，ということですね。ですから，接続法第 2 式が使われるのです。解答例では，直説法による条件と接続法第 2 式による仮定のちょうど中間ぐらいの想定だと言えます。「必ずしも ... でない」ということで，話法の助動詞 müssen の否定を使っています。

2. ロンドンで 1 時間のトランジットを含めて約 14 時間かかります。つまり，翌日，現地時間の 10 時に成田に到着します。

→Mit einer Stunde Aufenthalt in London dauert die Reise etwa 14 Stunden. Das heißt, ich komme am nächsten Tag um 10 Uhr Ortszeit in Narita an.

　トランジットは飛行機の乗り換えのため経由地の空港に短時間滞在することですが，ドイツ語の r Transit は「第 3 国を経由してある国から別の国に行くこと」自体を指し，そのための滞在は指しません。それは r Aufenthalt です。電車の停車も指します。Der Zug hat in Bonn zehn Minuten Aufenthalt.「この電車はボンで 10 分間停車します」。

　さて，ポイントは「1 時間のトランジットを含めて」の「の」の訳し方です。?? mit einem Aufenthalt von einer Stunde とは（文法的には間違っていませんが）言わないのです。「滞在」というよりも「時間」が重要だからでしょう。mit einer Stunde Aufenthalt と言います。2 時間なら mit zwei Stunden Aufenthalt です。この Aufenthalt の格が何格なのか不明です。3 格の Stunde(n) と同格で並列されているので 3 格だと思うのですが，冠詞も何も付かないので形式的には手がかりがありません。とにかくこのパターンはよく使われるので覚えておいてください。Die Arbeitszeit dauert von 9 Uhr bis 18 Uhr mit einer Stunde Mittagspause.「労働時間は 1 時間の昼休憩を含んで 9 時から 18 時までである」。「の」だからと言って必ず 2 格や von になるわけではありません。

　同様に「現地時間の 10 時に」と言うときも um 10 Uhr Ortszeit と言い，やはり von などは付けずに時刻の後に直接 Ortszeit を付けます。飛行機のチケットに載っている出発時刻と到着時刻はすべて Ortszeit ですから，日本からドイツに行くのに直行便で 12 時間かかってもチケット上では時差の 8 時間（夏は 7 時間）のため，4 時間（5 時間）しかかからないように見えますね。ちなみにドイツでは注意書きとして die Ortszeit und nicht die MEZ と書いてあることがあります。MEZ は mitteleuropäische Zeit「中央ヨーロッパ時間」ということでドイツの時間と同じことです。

3. アイスランドの火山噴火のせいで，その日の飛行機はすべてキャンセルに
   なってしまった。私は空港のロビーで2日間の長い時間を過ごす羽目にな
   った。

→Wegen des Vulkanausbruchs in Island wurden alle Flüge an dem Tag
   annulliert. Ich musste ganze zwei Tage in der Flughafenhalle
   verbringen.

「アイスランドの火山噴火」は，der Vulkanausbruch von Island と von を
使っても間違いではありませんが，場所を表わす in の方がよく使われます。
飛行機がキャンセルされるという場合は annullieren を使います。最近では
英語をそのままドイツ語にした canceln もよく使われます。Alle Flüge
wurden gecancelt. となります。「その日の飛行機」の部分も alle Flüge des
Tages と2格を使うこともできますが，やはり，alle Flüge an dem Tag と日
付を表わす前置詞の an を使う方が自然です。

　さて，この問題には少し意地悪なところがあります。それが「2日間の長
い時間」の部分です。これを *eine lange Zeit von zwei Tagen とは言いません。
eine lange Zeit か zwei Tage のどちらかならよいのですが，それを結びつけ
るのがドイツ語としては変なのです。ですから，これをそのままドイツ語に
は訳せません。表現の中にはこのように他の言語にしようとしてもどうして
もできないものもあるのです。

　とはいえ，2日間が長いということを表わす手段はあります。それが解答
文で示した ganze zwei Tage という言い方です。この ganz は den ganzen Tag
「一日中」と言うときとある程度似ていますが，ちょっと違う使い方です。「48
時間きっかり」という時間の長さを表わしているのではなく，「なんと2日
間も」という感情を表わしているのです。

　「空港のロビーで」の部分は，in der Halle des Flughafens と言うこともも
ちろんできますが，1語で e Flughafenhalle と言えるので，この合成語を使
う方が簡明です。同じ「の」でも，2格や von を使う場合，他の前置詞を
使う場合，どうしても表わせない場合，そして合成語にする方がよい場合と
いろいろあるわけです。

さぁ，この本の練習も最後になりました。これまでやってきた練習はいかがでしたか。当たり前でわざわざ解説してもらうまでもないというものもあれば，この本を読んで初めて知ったということもあるかと思います。いずれにせよ，ドイツ語の理屈とそれぞれの単語や表現の使い方をきちんと理解することが大切です。

どんな疑問にも親切に答えてくれるドイツ語の母語話者が身近にいる人は幸せですが，なかなかそうもいかないと思いますから，まずはじっくりと辞書を読むことをおすすめします。しかし，漠然と訳語だけ見ていてもなかなかわからないかもしれません。最後は，そういう問題を作ってみました。

ドイツ語の文にしてみよう！

1. 今日はまだ月曜日だというのに，もう仕事をする気がない。

使える？ noch, erst

2. ハレー彗星は76年ごと太陽に近づく。

使える？ der Halleysche Komet, *sich et*³ nähren, alle, jeder

3. 私は今までライプツィヒからの学生をたくさん面倒見てきました。たとえば，ユーリア，シュテファニー，クリストフです。

使える？ bisher, betreuen, Julia, Stefanie, Christoph, zum Beispiel, unter anderem

4. 彼はとても流暢にドイツ語を話す。

使える？ sehr, ganz, fließend, gut

1. 今日はまだ月曜日だというのに，もう仕事をする気がない。

→Heute ist erst Montag und ich habe schon keine Lust mehr zu arbeiten.

　まぁこういう時もありますよね。ポイントは「まだ」の部分で，ドイツ語にすると noch と erst の2つの場合があります。ここでは erst です。

　noch はある状態が続いていることを表わします。Es regnet noch.「雨はまだ降っている」は，この文が発言された時点より前にすでに雨が降っていて，その状態がその時点でまだ続いていると言っているわけですね。Ich habe noch Arbeit.「私はまだ仕事がある」も同様です。これに対し，erst は，いくつも段階が想定されていて，そのうちの特定の段階にしか到達していないことを表わします。年齢の場合が典型的にそうです。たとえば，Das Kind ist erst drei Jahre alt.「その子はまだ3歳だ」は，「3歳にしかなっていない」ということです。Ich habe erst 10 Seiten in dem Buch gelesen.「私はこの本のまだ10ページしか読んでいない」もその本の最後のページまでの段階において最初の10ページということです。

　課題文の「まだ月曜日」も，週末に至る最初の日であるわけです。場合によっては noch も erst も両方使えるときもありますが，やはり意味は違ってきます。たとえば，1つ1つのレベルをクリアしていって最後に最大の敵を倒すというコンピューターゲームについて「自分はまだレベル4だ」というときも2通りが考えられます。Und hast du das 4. Level geschafft? Bist du weitergekommen? - Nein, ich bin immer noch im 4. Level.「それでもうレベル4はクリアした？　先に進んだ？—いや，まだレベル4のままだよ」は，まだそこにとどまっていることを表わします。それに対して，Wie fandest du den Endgegner? - Keine Ahnung. Ich bin erst im 4. Level.「ラスボスのことどう思った？—知らないよ。まだレベル4だから」では，その段階にしかいっていないということです。ちなみに，ラスボスというのはロールプレイングゲームのラストに出てくるボスのことで，ドイツ語では r Endgegner と言います。ゲームをしない読者には何を言っているのかわからないかもしれませんね。マニアックでどうもすみません。こんな単語はたぶんどの辞書にも載っていないでしょうが，この種の話題をするためには必要です。

2. ハレー彗星は 76 年ごと太陽に近づく。
→Der Halleysche Komet nährt sich alle 76 Jahre der Sonne.

　「ハレー彗星」は，der Komet Halley，der Halley-Komet とも言いますが，der Halleysche Komet が最もよく使われます。イギリスの天文学者 Edmond Halley がこの星が回帰する彗星であることを発見したことによりこう呼ばれるわけですが，このように，人名に -sch を付けると形容詞になります。Newtonsche Axiome「ニュートンの法則」とかですね。ただ，非常に有名かつ意義のあることにしか使われません。「清野の本」を das Seinosche Buch なんて言っても笑われます。私の本程度では当然 Seinos Buch です。

　さて，このポイントは「... ごと」で，これは「alle ＋ 基数詞（複数）」で表わします。Alle vier Jahre ist ein Schaltjahr.「4 年ごとうるう年になる」，Er badet alle zwei Tage.「彼は 2 日ごとにお風呂に入る」。同じ意味で，「jeder ＋ 序数詞」もよく使われます。上の例文は，Jedes vierte Jahr ist ein Schaltjahr. Er badet jeden zweiten Tag. とも言えます。

　ただ，「alle ＋ 基数詞（複数）」は，間隔が必ずしも正確でないときにも使えますが，「jeder ＋ 序数詞」は，その間隔が厳密に守られるときに使います。お風呂の例だと，jeden zweiten Tag は，月水金 ... と正確に 1 日おきですが，alle zwei Tage だと平均して 2 日に 1 度でいいわけです。正確に表現した方がよい場合は，たとえば，Jeden zweiten Dienstag wird der Plastemüll abgeholt.「1 週間おきの火曜日に資源ゴミが回収される」という場合です。ゴミの回収日がいつかは正確に知っておかないといけないので，これを alle zwei Dienstage と言うのはよくないわけですね。なお，ドイツで r Plastemüll と言うと，牛乳パックやヨーグルトの容器などのリサイクル可能なゴミのことで，通常，黄色いゴミ回収容器（die gelbe Tonne）に捨てられるものです。日本語では資源ゴミと訳すのがいいでしょう。いくらプラスチックのゴミでもリサイクルできなければ，家庭ゴミなどと一緒に黒の容器に捨てます。このあたりの感覚が「燃えるゴミ」と「燃えないゴミ」とは違うところです。とにかく，ゴミは回収日にきちんと出しましょう。あ，なんか本題と違う話になってしまいましたね。

3. 私は今までライプツィヒからの学生をたくさん面倒見てきました。たとえ
　ば，ユーリア，シュテファニー，クリストフです。

→Ich habe bisher viele Studenten aus Leipzig betreut, unter anderem
　Julia, Stefanie und Christoph.

　「たとえば」ということで zum Beispiel を使った人が多いかもしれません
が，ここでは unter anderem しか使えません。嘘だと思ったら，ここを空欄
にしてドイツ人に見せてください。全員 unter anderem を選ぶはずです。こ
の２つは論理の方向が違うのです。unter anderem は，まず全体の集合を規
定して，その中の要素をいくつか提示するときに使います。まさしく問題の
ケースです。「私が面倒見てきたライプツィヒの学生」という集合があり，
その中の要素として３人の名前を言ったわけです。それに対して，zum
Beispiel はその集合がはっきりしないので，具体例を挙げていくことによっ
て，その境界線を規定していくというときに使います。

　まだわかりにくいと思うので，次の例で考えて見ましょう。ドイツ人が日
本料理を勉強したいと発言します。

Ich möchte lernen, wie man japanische Gerichte kocht, ＿＿＿＿＿＿＿
Sukiyaki, Tempura und Shabushabu.
私は日本料理の作り方を勉強したいです。たとえば，すき焼き，天ぷら，しゃぶしゃぶです。

　この四角に入る言葉は，この文を誰に言っているかによります。日本人に
言っているのならば絶対に unter anderem です。日本人が日本料理が何かを
わからないはずはありません。しかも例として挙げられている「すき焼き」，
「天ぷら」，「しゃぶしゃぶ」は誰でも知っています。だから，習いたい料理
をいくつかピックアップしたわけです。それに対して，これを日本料理が何
かよくわかっていない他のドイツ人に言ったとしたら，zum Beispiel を使う
わけです。もしかしたら相手が知っているかもしれない料理名を挙げて，そ
れらが日本料理なんだと説明するわけです。説明の方向が全く逆だというこ
とがわかると思います。

4. 彼はとても流暢にドイツ語を話す。

→Er spricht fließend Deutsch.

　検討語句に sehr と ganz があるので，?Er spricht sehr fließend Deutsch. ?Er spricht ganz fließend Deutsch. と書いたひとも多いと思います。最後まで意地悪ですみませんが，検討語句の中には使うと間違いになったり，不自然な文になったりするものを含まれていると最初に書きましたよね。sehr も ganz も gut とともに使うのは，もちろんなんの問題もありません。Er spricht sehr gut Deutsch.「彼はとても上手にドイツ語を話す」，Er spricht ganz gut Deutsch.「彼はかなり上手にドイツ語を話す」となります。sehr はともかく ganz の訳語が「まぁまぁ」になっているのを不思議に思うかもしれません。多くの学習者が誤解しているますが（そして，それはドイツ語の教科書や参考書の例文が悪いことも一因ですが），ganz は gut などの肯定的な意味の評価を表す形容詞と使われると，その程度に一定の制限を加えて，「かなり，まぁまぁ」という意味にするのです。Das Wetter war ganz schön. は「天気はまぁそんなに悪くなかった」ということで，決して，ずっと快晴だったわけではないことに注意してください。

　ですので，Sie sprechen ganz gut Deutsch! とドイツ語母語話者に言われても，本当に喜んでいいのかは微妙なところです。逆に，schlecht のように否定の評価の形容詞に ganz が付くとそれは否定を強めることになります。ganz schlecht は「本当に悪い」となります。

　fließend には基本的に sehr も ganz も付けません。というのも，外国語を「流れるように」話せるのは，最高レベルのことですから，それを sehr でさらに強めたり，ganz で制限を加えたりしないのです。「まぁまぁ流れるように」と言うと，「そんなん，流れてないやん」と大阪人ならツッコミそうです。皆さんが，何も制限のない fließend にドイツ語を話せるようになることを願っています。

Die Suppe essen, nicht trinken!

　ドイツ語ではスープは「食べる」と言います。「飲む」とは言いません。「そんなことは知っている」と，中級独作文の本を読むくらいの皆さんは当然思われるでしょう。しかし，単なる慣習で die Suppe essen と言うわけでありません。ドイツにおける Suppe というものは基本的に essen するものを指すのです。

　日本の例で考えてみましょう。たとえば，具がたくさん入っている「けんちん汁」は「食べる」ものですか，「飲む」ものですか？　微妙ですね。具に着目すると「食べる」で，汁に着目すると「飲む」という感じですね。けんちん汁に似ていますが，太い麺が入っている山梨名物の「ほうとう」や熊本名物の「だご汁」というものがあります。これはもう「食べる」としか言いません。要するに言いたいのは，Suppe というのは基本的に「けんちん汁」や「ほうとう」や「だご汁」の系統のものだと言うことです。だから essenして当然なのです。それに，食べ方の問題もあります。

　ドイツではスープの皿はテーブルに置いたままで，スプーンですくって口まで運びます。日本のようにお椀を直接口に持っていくのはマナー違反とされています。そうすると，それがトマトクリームスープのように具が入っていないものでも essen すると言いたくなるのですね。trinken というのは容器に口を直接付けて，液体を口に流し込むというのが基本的な意味だからです。

　そうすると，では，ドイツ人に「味噌汁を飲む」というのは，どう説明したらよいのでしょうか。私はなまじ essen を使うのではなく，Misosuppe trinken と言った方がいいのではないかと思います。もっと正確に言いたければ，Die Suppeneinlage isst man mit Stäbchen. Die restliche Brühe trinkt man aus der Schale. 「汁の具は箸で食べる。残りの汁はお椀から飲む」と説明するのがよいでしょう。この場合の「汁」は Brühe です。

　ですから，ドイツでも「野菜コンソメスープ」のように具が入っていないものは Gemüsebrühe と言い，それはよく取っ手の付いた容器で飲むので，やはり trinken と言うわけです。

▶ ここはどこですか？

▶ タクシーに乗る？――いいや，歩いて行くほうがいい。

▶ 冬は風邪を引きやすい。

▶ ドイツでは調子が悪くなると，とりあえず家庭医に行きます。

▶ そのお客さんは価格に満足していたし，私もそうだ。

▶ 今日，私は7時に起き，それから急いで朝食をとりました。

▶ 彼は明日，大事な試験があるというのに，まだテレビを見ている。

▶ 彼女は日本人ですか？

　　――いいえ，彼女は日本人ではなく，韓国人です。

　　ああ，それでご飯を箸ではなく，スプーンで食べるのですね。

▶ 彼女は戸棚を探したが，きれいなカップはどこにもなかった。

▶ 彼女はきっと病気だ。というのも，ここにいないからだ。

▶ 月曜日，私は朝9時から夜7時まで大学にいます。でも火曜日は授業がないので，一日中家にいます。

▶ 今日は誰も私に電話して来なかった。

▶ 私の車の後部座席に救急診療カバンがある。誰かそれを私にとってきてくれないか？

▶ 明日早く起きなければいけないので，もう寝なさい。

▶ 次の節ではこの問題をさらに検討します。

▶ あなた方おふたりとも明日のパーティに行くのですか？

　　――いいえ，妻か私のどちらかが行きます。

▶ 増え続ける国の借金をどう減らすかを話しあう会議はまだ続いている。

▶ 昨日このシャツを買ったのですが，襟がきついのです。交換してもらえますか？

▶ 私は1週間前からフランスにいますが，明後日からドイツに行きます。

▶ 夏休みに私たち学生は研修旅行に行きました。3時間半バスに乗りました。私たちのひとりがそのバスを運転しました。

▶ 彼は昨夜よく眠れなかったので，今朝はとても機嫌が悪かった。

▶ 私がちょうどオフィスから出ようとしたとき，ひとりの男性が飛び込んできた。

▶ ドイツのアウトバーンのいくつかの区間では300キロのスピードで走ることができる。

▶ 君のお父さんが電話してきたよ。折り返し電話してくれって。

▶ 状況の改善のために我々は対策を講じるべきだ。

▶ 輸出は世界的な景気の落ち込みでほとんど増加しないだろう。

▶ もっとドイツ語ができるようになると，ドイツ人との会話ももっと楽しいでしょう。

▶ その問題は，この短い会議で話し合うには複雑すぎる。

▶ コーヒーを飲みたい方は，どうぞご自由にお飲みください。

▶ え，なんですって？　今日来られないの？　もっと早く言ってくれればよかったのに。そうしたら私は他の用事を入れられたのに。

▶ スーパーに行くなら石鹸を買ってきて！
　　──いくつ？
　　3個！

▶ 彼はヨーロッパの多くの国に住みました。ドイツ，スイス，オランダなどです。

▶ その病気の原因は2つある。1つは身体的なもので，もう1つは精神的なものだ。

▶ 私は新聞を読むのが好きです。とくにスポーツ欄が。

▶ 彼らはミュンヘンに住んでいます。アパートは広くて庭付きですが，家賃は光熱費を含まないで1800ユーロもします。

▶ 今日では，子どもがひとりしかいない家庭が多い。多くの夫婦が2人目の子どものことなど考えていないと言う。

▶ 日本人は熱いお風呂に入るのが好きです。お湯の温度は40度ぐらいです。それに対して，ドイツ人は熱いお風呂には入りません。お湯は体温と同じです。

▶ 金融危機により2009年には多くの会社が破産に追い込まれた。合計して35000の会社の倒産があった。

▶ 発展途上国では毎年多くの子どもが栄養失調で死んでいる。

▶ 3件の殺人未遂で起訴されていたその40歳の男は，禁錮10年に処せられた。

▶ 彼女の上司は彼女をクビにするぞと脅かした。

▶ この前の土曜日，私は同窓会に行って，多くの友人に会いました。

▶ その飛行機は無事に滑走路に着陸した。

▶ いったいそいつのどこがいいんだ？　私にはただの女たらしにしか見えないぞ。

▶ ちょっと子ども部屋の子どもたちを見てきて！

▶ ドイツの宿泊料金は2010年の1月から2月にかけて1パーセント上昇して91ユーロになった。

▶ お前，口ひげ生やしてんの？　似合わないから剃っちゃえば？

▶ 私は料理をしているとき包丁で指を切ってしまった。

▶ 夏休みは実家に帰ります。

▶ ぼくは，大学にいるので，勉強のことが，さしあたりは気になる。学問をすればするほど賢くなる，なんてのは嘘だ。知識があるために，ものの見えないこともある。技術があるために，うまいやり方をしないこともある。それにしても，やはり人間は，知識を求め，技術を身につけようと，していくよりない。

▶ その新しい技術はますます大きな抵抗に遭っている。多くの人が自分たちのプライバシーが侵害されると感じているからだ。

▶ 最初にジャガイモ，ニンジン，タマネギの皮をむき，小さく切ります。次に肉を炒めます。ジャガイモ，ニンジン，タマネギを加えます。

▶ ドイツ人の大多数は豚インフルエンザの予防注射を受けようとしなかった。

▶ 知らないところから手に入れたファイルを開いたり，インストールしたりすることは絶対に避けた方がよい。

▶ 最初に使用する前に，バッテリーを1度完全に充電してください。

▶ その計画を実行するためには莫大な金額が必要だ。

▶ 2010年3月に発表された研究によるとアメリカ合衆国では2歳から19歳の少年の7.3パーセントと少女の5.5パーセントが極度に肥満である。

▶ 借家人は基本的には引っ越す際に改装の義務はない。しかし，日本では支払った敷金を返してもらえることは残念ながらほとんどない。

▶ 私たちは今から昼食を食べに行くけど，一緒に行かない？

▶ 実に寒いなぁ！
　　──そうだって言ったでしょ！

▶ もうちょっと練習した方がいいんじゃない。
　　──初めてしているんだからね。

▶ ところで今，何時ですか？

▶ 象は鼻が長い。鼻が長いのは象だ。
▶ 私はうなぎだ。
▶ あいつは机の上が汚いので，仕事ができるはずがない。

▶ 冷蔵庫にはまだビールが2本ある。
▶ その町には約30万の住民がいる。
▶ カメラは何がありますか？

▶ 私の息子は最近歩けるようになった。
▶ そういえばあの公園どうなったんだろう？
　　──あそこには今，高層ビルが建っているよ。
▶ 冬の訪れにより，西ヨーロッパの多くの国で交通パニックになった。

▶ これは16パーセントの増加である。しかし，破産しても必ずしも終わりを意味しない。
▶ ロンドンで1時間のトランジットを含めて約14時間かかります。つまり，翌日，現地時間の10時に成田に到着します。
▶ アイスランドの火山噴火のせいで，その日の飛行機はすべてキャンセルになってしまった。私は空港のロビーで2日間の長い時間を過ごす羽目になった。

▶ 今日はまだ月曜日だというのに，もう仕事をする気がない。
▶ ハレー彗星は76年ごと太陽に近づく。
▶ 私は今までライプツィヒからの学生をたくさん面倒見てきました。たとえば，ユーリア，シュテファニー，クリストフです。
▶ 彼はとても流暢にドイツ語を話す。

著者紹介
清野智昭（せいの・ともあき）
　1964 年東京生まれ。1988 年東京外国語大学ドイツ語学科卒業。
　1990 年東京大学大学院修士課程（独語独文学）修了。
　熊本大学講師、千葉大学准教授を経て、現在、学習院大学文学部教授。
　主要著書
　『ドイツ語のしくみ［新版］』（白水社）
　『中級ドイツ語のしくみ』（白水社）
　『日本語から考える！ ドイツ語の表現』（共著、白水社）
　『基礎ドイツ語文法ハンドブック』（共著、三修社）
　『中級をめざす人のドイツ語講座』（NHK 出版）

しくみが身につく 中級ドイツ語作文 ［改訂版］

2024 年 6 月 20 日　印刷
2024 年 7 月 15 日　発行

著　者 ©　清　野　智　昭
発行者　　岩　堀　雅　己
印刷所　　　株式会社ルナテック

発行所
101-0052 東京都千代田区神田小川町 3 の 24
電話 03-3291-7811（営業部）、7821（編集部）　株式会社　白水社
www.hakusuisha.co.jp
乱丁・落丁本は、送料小社負担にてお取り替えいたします。

振替 00190-5-33228　　Printed in Japan　　加瀬製本

ISBN978-4-560-09974-2